困った！どうする？店長2万人のクレーム解決術

来自2万名店长的餐饮投诉应对术

日本餐饮咨询研究会 著

姜 华 译

人民东方出版传媒
People's Oriental Publishing & Media

东方出版社
The Oriental Press

图书在版编目（CIP）数据

服务的细节. 060，来自2万名店长的餐饮投诉应对术／日本餐饮咨询研究会 著；姜华 译. —北京：东方出版社，2017. 9
ISBN 978-7-5060-9455-9

Ⅰ. ①服… Ⅱ. ①日… ②姜… Ⅲ. ①饮食业—商业经营 Ⅳ. ①F719. 3

中国版本图书馆 CIP 数据核字（2017）第 229974 号

KOMATTA! DOSURU? TENCHO NIMAN NIN NO CLAIM KAIKETSU JYUTSU
by Gaishoku-soudan-kennkyuukai.
Copyright © 2016 by Gaishoku-soudan-kennkyuukai.
All rights reserved.
Originally published in Japan by Nikkei Business Publications, Inc.
Simplified Chinese translation rights arranged with Nikkei Business Publications, Inc.
through Hanhe International (HK) Co., Ltd.

本书中文简体字版权由北京汉和文化传播有限公司代理
中文简体字版专有权属东方出版社
著作权合同登记号　图字：01-2017-5360 号

服务的细节 060：来自 2 万名店长的餐饮投诉应对术
（FUWU DE XIJIE 060：LAIZI 2 WAN MING DIANZHANG DE CANYIN TOUSU YINGDUISHU）

作　　者：[日] 餐饮咨询研究会
译　　者：姜　华
责任编辑：崔雁行　高琛倩
出　　版：东方出版社
发　　行：人民东方出版传媒有限公司
地　　址：北京市西城区北三环中路 6 号
邮　　编：100120
印　　刷：北京文昌阁彩色印刷有限责任公司
版　　次：2017 年 11 月第 1 版
印　　次：2021 年 10 月第 4 次印刷
开　　本：880 毫米×1230 毫米　1/32
印　　张：7.5
字　　数：138 千字
书　　号：ISBN 978-7-5060-9455-9
定　　价：48.00 元
发行电话：(010) 85924663　85924644　85924641

目　录

第2章　操作失误了！

缓和顾客怒火的会话技巧

第3章　食物中毒？身体不舒服？

紧要时刻的处理方法

第4章　弄脏了衣服！混入了异物？

不增加顾客愤怒的应对和补偿

第5章　不正当要求、谣言、反社会势力……
需要采取坚决的态度时

前　言

"已经可以了。"……

某员工在撤杯子的时候，把水洒了出来，有少量的水溅到了顾客的衣服上。他一边拼命地道歉，一边将干净的毛巾递给顾客请其擦拭，溅湿的地方不那么明显了。因为顾客说"已经可以了"，店员感觉被原谅了，暂时放了心。并没有向当时不在店里的店长汇报这件事……

员工可能以为纠纷已经平息了，但在服务行业的现场，这却可能发展成为更大的纠纷。

处理这件事情的员工可能会做出这样的判断："幸好溅上的是水，衣服湿了也不会留下污渍。"其实，留下污渍的可能性非常大。

此外，"已经可以了"这句话，往往包含着"你已经可以了，不需要再做什么了，让负责人过来解释一下"这个潜台词。因为这位员工并未向店长报告这件事情，所以本应受到训斥的负责人也就没有向顾客道歉。正因为如此，经常会有顾客将投诉电话打到总公司，抗议道："你们真是一家敷衍了事的公司！"

当发生这种纠纷时，即便顾客说"已经可以了"，也一定要向店长报告。如果店长不在，一定要对顾客说："过后会让负责人联系您，请留下您的姓名和联系方式。"并记录下纠纷的细节。

此外，最重要的是，一定要养成一种习惯，就是站在顾客的立场上推测"是不是会给您造成什么麻烦"。唯有这样，才会大量减少顾客投诉。

应对投诉这件事往往让人觉得有点恐惧，然而绝大多数顾客并不是因为想发怒而发怒的。从现在开始，即便略微地感同身受一下顾客的心情，也可以让投诉大幅减少，解决投诉也会变得容易些。

对待投诉，没必要过度恐惧。比如说，近来，在 SNS（社交网络服务）上多见的顾客对店铺的投诉进行留言这样的纠纷，在为给顾客带来不愉快记忆道歉的同时，为了向顾客询问具体缘由在 SNS 备注："请联系客服部门。"实际联系的顾客却凤毛麟角。即便如此，对于在餐饮业工作的我们来说，一定要切记，顾客的投诉正是为我们提供了一次"引起注意"的机会。

这本书是基于在月刊《日经餐馆》连载的专栏《为何找

我?！投诉接待员的奋斗日记》中自 2011 年 10 月期以后的报道，进行重新编辑集成册的。由大型餐饮连锁企业的顾客投诉接待室的负责人们组成的团队——餐饮咨询研究会，协助提供报道素材，连载一直持续至 2016 年 3 月。餐饮咨询研究会共有 28 家加盟企业（2016 年 11 月），加盟企业店铺总和约有 2 万家。该协会定期举办研讨会，研讨会的目的是共同探寻最佳的对应顾客的方法，互相学习、鞭策。

　　本书中介绍的投诉和纠纷，以及其解决方法，均是在各连锁店中实际发生过的案例（虽然无法具体指明是哪家连锁店，但案例均建立在事实的基础上）。如果我们长时间积累的解决投诉的技巧能够为读者带来帮助，我们将不胜荣幸。

餐饮咨询研究会事务局长　森茂树

第 1 章

店员的态度真是令人不满！

处理投诉的基础及员工教育

态度冷漠且声音微弱的员工

如果不断有顾客投诉"店员一点精神气儿都没有，让人很不愉快"的话

　　"店员态度冷漠。""声音微弱。""看到店员懒散地工作，自己非常不愉快，难道不能更加精神地工作吗？"

　　最近，在某个店铺，不断从很多顾客那里收到内容极为类似的投诉。于是，店铺对投诉原因进行了调查，原来是某位员工的工作态度造成的投诉。从这位员工身上的确无法感觉到工作热情，从他脸上也几乎看不到笑容。

　　一般情况下，像"店员态度冷漠""没有精神头儿"这些关于接待顾客的态度问题的投诉，以及像"店里卫生不好"等关于清洁问题的投诉，往往会有很多顾客针对同一家店进行投诉。除了已经投诉过的顾客，一定还有很多顾客感到了同样的不快，所以理所应当地要为防止再次发生此类现象而付诸彻底的行动。

　　在那之后，虽然店长向区域经理报告说已经对问题员工进行了指导，但在同一位员工身上，又接到了"没有精神头儿"的投诉。

当区域经理向店长确认是否好好进行了指导的时候，区域经理的回答是："我已经告诉他要带着笑脸充满活力地工作，要开朗地向顾客问候。"区域经理并没有告诉问题员工具体应该做什么。那么为了改善投诉的事态，我们应该做什么呢？

对于接待顾客有态度问题的员工，店长应亲自示范

来自顾客的溢美之词往往是"员工充满活力，感觉非常棒""看到员工充满活力的工作状态，心情非常好"。换言之，员工如果没有活力，没有精神地工作的话，先不管会不会发展到投诉的地步，毫无疑问会给顾客留下不好的印象。所以有必要改变使店铺印象恶化的员工的态度。然而，只需与有问题的员工简单聊几句，便会明白，员工本人完全没有意识到自己缺少活力与笑脸。正因为本人没有这种自觉性，所以仅向他传达"我已经告诉他要带着笑脸充满活力地工作，要积极开朗地向顾客问候"，情况到任何时候也不会得到改善。

在所有的指导过程中，最重要的是，要看透对方所能发挥的力量而后进行建议。就这次这位员工来说，似乎完全不知道应该以怎样的表情、以多大的声音与顾客接触才不会招

致顾客的不愉快感。

此外，"如果自己是顾客，店铺员工带着笑容活力满满地向您说'欢迎光临'，肯定会带来愉悦的心情吧"或"试着把进店里的顾客想象成久别重逢的亲友或朋友，并与之打招呼"。像这样，使用让对方能够接受的语言打动对方的心的指导也是非常重要的。"你本来能够露出灿烂的笑容，为什么今天没有这样做呢？"像这样用关心员工的语言，将对方的能动性引导出来的方法也是非常好的做法。

从"指导""评价""培育"的视点提高技能及能动性

从另一个角度看，关于这个案例，可以说，这位店长的指导能力也不是很高。这位店长应该与区域经理商量具体的指导方式，过一段时间后，区域经理确认店长是否很好地在进行指导。关于这一连串的操作，区域经理理解其中用意也是很重要的。如果店长不能够正确把握员工的技能，区域经理不能正确地把握店长的技能，并无法结合对方的实力，做出浅显易懂的指示，就无法减少投诉的数量。

在此，让我们明确一下要创建一家持续低投诉率的优秀店铺的关键点：经常从"指导""评价""培育"三个视点审视店铺经营。

例如，对于全年从早上到深夜一直营业的餐饮业连锁企业来说，由于店长能够在现场进行指导的时间仅占整体营业时间的一半以下，所以有必要建立一个能够放心、放手运营的组织团队。

"指导"的关键点在于认同对方好的部分的同时，指正其需要改进的部分。有的员工作业手法纯熟，擅长实际操作，却不善于同事间的交流。像这样，每个员工都有各自个性化的东西。因材施教式的指导虽然很重要，但基于把握每个员工的"为人"才能进行的有效指导，虽然有喜好道听途说的嫌疑，但那些传言不能听听就罢了，因为它们是有一些参考作用的。

关于"评价"，请通过根据员工的积极的工作表现而提高其小时工资，或清晰明了地讲解如何才能增加工资等手段，提升员工们对于工作的能动性。

关于"培育"，请有意识地加强培育在某一时间段内，即便将所有的营业工作都交付给他也能百倍放心的"店长替身"这样的工作。在每个工作时段中，在员工中发现有领导潜力的人才，并提高其领导力，也是非常重要的。因为，如果能够培育优秀的团队带头人，他会指导比他资历浅的员工，店长只需对团队带头人的成长提供支持，便可以使店铺有效地组织运营。

此外，当某些指摘从顾客那里反馈来的时候，在员工的表情中可以读到"又被卷入了没完没了的麻烦事儿中"，这种心情自然地表露到表情中，容易成为造成新的投诉的原因。

这种情形往往是员工能动性低下造成的，而建立一个任何组织成员都能感受到工作意义的组织是避免这种情形产生的有效对策。

POINT

●因材施教式指导

所有的指导，如果对方无法理解指导的意图，便失去了意义。上司应正确把握部下的技能，使用对方能够理解的语言与手法，向其传授改善的方法。不要忘记从发挥对方长处的角度进行指导，"平时完全可以做得到，今天为什么没有做到呢？"这种关怀的语言，可以非常有效地将对方积极向上的工作热情引导出来。

●重要的是培养"店长的替身"

对于长时间营业的店铺来说，店长在工作现场的时间是有限的。所以店长有必要经常提醒自己，在每个排班时间段里，要从员工中选拔出团队带头人，作为能够运营店铺的人才进行培养。

不向顾客打招呼的员工

只是小错误却不断被投诉的原因

"希望你们对员工的培训进行得更彻底一些……"

前几天，从某位顾客那里接到了关于新人兼职员工培训方面的投诉。投诉的直接原因是，有位员工点错了菜，把别的菜送到了顾客桌子上。

然而，在那之前，似乎该顾客在使用饭店内卫生间的时候，按照先后顺序在卫生间外等待，从卫生间里出来的是那位员工，在卫生间外，员工从顾客身旁走过，对顾客轻微的点头示意都没有，这种态度给顾客留下了"对顾客简慢，没有基本的服务常识"的印象。因此在上错菜后，更增加了顾客的不满情绪。

的确，年轻的员工在饭店的过道里，当与顾客擦肩而过的时候，丝毫不礼让顾客，这种让人吃惊的事情总是有的。作为已经步入社会参加工作的人来说，做出这种不合常理的行为，虽然一般情况下不会导致直接的投诉，但当与其他过失同时发生的时候，会加重顾客的愤怒，增加严重投诉的可能性。因此，一定要考虑相应的对策。

店长的"常识"却不是年轻人的"常识"
增加《工作手册》的内容是有效的对策

我们经常说，在现在的家庭中，已经不像以前那样非常严格地要求小孩子要有教养了。的确，从我们成年人的角度来看，做兼职的学生经常会做一些让我们吃惊的不合常理的事情。"和顾客说话的时候，要看着顾客的眼睛说话"，很多年轻人不知道这是常识。而店铺一方，因为认为员工不应该连那种常识都不知道吧，直至纠纷发生前才意识到问题所在。

可以说，关于店长的"常识"不是年轻人的"常识"这件事情，对于店铺一方，作为有效解决意想不到的纠纷的对策，只能是将成人的一般常识增加到工作手册中，并认真教育年轻人。然而，即便是大型连锁店铺的工作手册中，关于操作顺序的说明都非常翔实，对于那种针对一般常识的解说却寥寥数语。

举例说明一下，某家店铺，学生打工者接到了顾客的投诉电话，本来应该是，在按过电话的静音按键后，再向店长转述电话的内容。而那位打工者却没有按静音按键，大声地对店长喊道："店长，是投诉电话。"这导致顾客大为恼怒。在接电话，让顾客等待的时候，按下静音按键，这是成人的常识，学生打工者却不知道这一点。

从电话应对的"常识"这层意思来看，当在营业外时间段接到无法立刻回答顾客的问询电话时，要对顾客说："我无法回答您的问询，会让负责人给您回电话的。"并询问顾客的姓名及联系方式。将这定义为店长及特定时间段负责人以外员工接电话时的基本规则，并将这一内容明确写进工作手册，才会成为有效的对策。

此外，对于那些没有得到店长认同的、店长认为其不能做出合适的电话应对，不让其接电话的员工，也不会发生因为不妥当的电话应对而引起的纠纷，能够做到防患于未然。

那么，让我们再仔细地考虑一下，让员工了解哪些事情才能提升自家店铺的服务水准。这时会发现，重新修改工作手册是非常重要的。此外，基于工作手册，对员工进行指导时的重点在于，不是提醒员工："因为现在的做法是不行的，所以你应该这么做。"而是要说："因为这样做是可以的，所以没问题。"类似这样采取给员工建议的姿态进行指导。

POINT

●要将"社会人的常识"在手册里写清楚

要想消除大学生或高中生等年轻打工者因为不具备作为社会人的常识而引起的错误，需要将希望他们知道的事项清楚明了地写在工作手册中，这样做是比较有效的。抱有"那种常识应该知道吧"的想法是行不通的。

●不要"提醒"，而要持有"教授"的意识

当没有经验的员工在工作中犯了错误或是有不会做的工作时，不要采取提醒的方式，对他说"你那种做法很奇怪"，而应该给予建议，教授他："这样做的话，会做得很好的。"

对于顾客的问询不予反馈的员工

新人打工者的令人难以置信的待客态度

"那个打工的不明白我说的话吗!"

某个店铺的新人打工者在顾客点餐时,上年纪的男顾客问:"套餐要从这些当中选吗?""(如果是这个框内的菜品的话)哪个都行吗?"新人没有搭腔说"是的,是这样的",而是没有做任何回答。其结果是,顾客在结账的时候斥责了店长。

为什么无视顾客的提问呢?当向那个新来的打工者询问理由时,他却说:"我以为顾客是在自言自语呢。"在我看来这种解释是不可理喻的,但慎重起见,还是问了其他同事,"最近,新来的打工者的工作态度如何",才知道这次的事件不是偶然发生的个案。

新人打工者提醒了我们以往没有考虑过的问题。当教育这些新人打工者的时候,要注意哪些事情呢?需要我们重新考虑其要点。

店铺是舞台的话，员工就是演员。
通过"仪式"让员工转变心态

被顾客问到问题时却没有做出回答，这种状况，是因为员工平时在跟他人讲话时没有养成及时应答的习惯。这种情形在学生当中很常见，但在工作时需要转变心态。

转变其心态的有效手段是，在换班时让其大声地跟同事打招呼，或是让他自己在镜子前露出笑脸并自己确认笑得是否到位。让其在店长或时间段负责人面前宣誓："今天也要努力!"这个办法也很有效。这样的"仪式"，能够让打工者转变心态。

餐饮店的员工，从穿上工作服的一瞬间开始，举手投足都会被顾客关注着。跟平时的生活态度无关，需要演好能够满足顾客期待的好员工的角色。店铺是舞台的话，员工就是演员。要一下子转变心态，从这个意义上来讲，通过"仪式"完全进入角色是很重要的。

同时，如果从一开始就训练其正确地发出声音，他们也应该能对最为重要的顾客礼貌地问候。

不论新手还是老员工，最差的待客是不会向顾客问候"您早""欢迎光临"的。

没有问候这件事情的话，会在最初的阶段，就失去抓住顾客心情的机会。当然，也会让顾客之后在店里的所有经历都变差。实际上，因待客态度差产生的投诉，相当一部分都会附加"最初什么问候也没有"这样的指责。

反过来说，员工没有打招呼，对顾客来说是一件非常不愉快的事情。如果最初就跟顾客打一个让人心情愉快的招呼，也就不会发生投诉了吧。

员工没能向顾客问候的理由往往是埋头做眼前的工作，或是当时正在背对着入口处工作等。为避免这种情形的发生，有必要让员工随时留意顾客的举动。另外，在点餐时，当顾客犹豫不知道该点什么的时候，要注意不要做转笔或抖腿之类的动作，这样会让顾客感觉像在被催促着。

在结账时，会有顾客在收银结束后，拿出忘记使用的打折券。在这种场合，要愉快地重新结账，这一点很重要。要告诉员工，不要说"下次结账时请一开始就出示打折券"之类的话。

★✦ **POINT**

● **进店时的问候最重要**

为避免投诉产生，最应注意的是，顾客进店时一定要礼貌地进行问候。如果在这个环节留下了不好的印象，之后的一切都不会让情况好转。

●通过"仪式"转变心态

新来的打工者之所以犯了令人不可理喻的错误，往往是因为没有充分意识到要完成赋予他的职责。换班的时候，要大声地跟同事打招呼，让其在店长或时间段负责人面前宣誓"今天也要努力"。这种"仪式"对转变心态很有效。

中途挂断投诉电话的员工

教会学生打工者"正确的接待顾客的方式"

在午餐时间提供外卖商品的店铺里，发生了在外卖包里少放商品的纠纷。发觉这一点的顾客打来投诉电话加以指责，那个负责往外卖包里装商品的学生打工者接了顾客打来的电话，仅说了句"我并没有忘记放入商品"，就挂断了电话。

不久，顾客来到店里严厉地斥责了店长。最终把忘装的商品交给顾客，才平息了顾客的怒火。但关键问题在于，学生打工者责任感的缺失。

在问学生打工者原因时，他竟然回答"因为不知道怎么办好，所以挂断了电话"。

这次纠纷是一个相当严重的案例，除此之外，还有许多让人希望学生打工者对工作抱有责任感的情况。怎么做才能改变打工者的意识呢？

增进员工之间的和睦，让员工养成观察周围的习惯

这次投诉应对有两大问题点。

其中一点，当然是欠缺责任感。如果认为自己正确无误地把商品装到里面了，就应该尽量解释说明，直到顾客接受为止。

这次的纠纷，是员工一方理解错误，而顾客的主张是正确的案例。但是，如果学生员工礼貌尽心地解释的话，就会在解释的过程中发现正是自己这一方理解错了，也就能更早地向顾客道歉。

另一个问题点是，有不明白的或不知如何判断的事情，却不跟店长或老员工商量。

员工之间有着良好的人际关系，并且沟通顺畅的优良店铺，因为员工之间能够互相商量，相互协助应对纠纷，所以往往仅有少量的投诉。想提高店铺的服务水平，要细致到留意员工之间的人际关系，这一点也很重要。

让员工学习正确的待客知识也同等重要。据说某个经常雇用大量学生打工者的大型餐饮连锁店，在每个月给全体员工发放的册子中设置了附带简单插图的专栏，介绍待客的要点。

例如，如果发生了菜品里混入异物的投诉，最基本的做法是首先对给顾客造成的不愉快向顾客道歉。并且，如果能

表达对顾客身体状况的担心，会让顾客对店铺产生完全不同的印象。因此在专栏里，加入了安慰顾客的员工的简单插图，在强调重点方面下了功夫。

另外，在表彰制度上推进待客意识改善也十分有效。

在大型连锁店的顾客接待室里，不仅会收到顾客的投诉，还会收到许多对店铺服务的称赞。在某家连锁店里，当饮料被弄洒时，店员除了给顾客擦桌子，还会对顾客表达安慰的语言，有时会重新给顾客提供一杯饮料等。顾客对这种细微的关怀会产生感动。

听说那家连锁店为了进一步提高服务能力，作为整体连锁店的典型，表彰了获得顾客称赞的员工。表彰的理由是，这位员工在店里扫除时，同路过的顾客愉快地打了招呼，使顾客非常高兴。从而可以给当地社区民众留下好印象，还可以增加潜在顾客的数量，从这个角度来说，这次表彰带有想要使之成为行动楷模的用意。什么是理想的待客之道，不断地用通俗易懂、入情入理的方式向员工传授的话，年轻员工的意识也会转变。

★ POINT

● **良好的团队协作可以减少投诉量**

从服务的层面来说，绝大多数的投诉是员工不知道怎样做、犹豫不决导致的。当有不明白的事情的时候，应该立刻向店长或前辈请教，而不是自己犹豫不决地考虑问题。希望由此增加员工之间的良好沟通。

●导入带插图的工作便览和表彰制度

某家大型连锁饭店为了向学生兼职工传授接待顾客的重点，制作了带插图的工作便览。表彰制度也是如此，对全体员工传达期望其能够达到怎样的接待顾客的标准，这样既浅显易懂又会收到不错的效果。

员工的父母抗议道："我家孩子被店长欺负了。"

熟练地指导员工的方法

"我家孩子被店长欺负了，绝不允许这样的事情。"……

在某家店铺打工的高中生的父母，把抗议的电话打到了总公司。据说，因为这个高中生打工者总记不住工作方法，被店长和前辈员工训斥了几次。

父母竟然会发这么大的火，于是向店长和老员工询问事情的缘由，他们说："他干活速度慢，只是提醒他让他注意一下而已。"完全没有做过任何恐吓他的事情。

区域负责人虽然曾经建议过："必须发现他的长处并给予表扬，同时提醒他需要改进的地方，唯有这样，员工才会成长。"然而，却被反驳道："他没有值得被表扬的地方。"如何做才能转变店长和老员工们的意识呢?

即使只是完成了一件很小的工作，也要大加赞赏

从已经辞职的员工本人那里，或从未成年人打工者的父母那里，往顾客投诉接待室打来抗议电话投诉："遭到了店长非常恶劣的对待。"这样的电话并不在少数。这种怨恨竟然到了打电话的程度，是因为感觉店长对员工发火或训斥是对他本人的一种欺辱。

直言不讳地说，在工作现场，很难保证员工一定对指示执行到位，但在很多大型餐饮连锁企业中，当对员工进行指导的时候，"发怒"或"斥责"并非必要的行为，所以被很多餐饮企业禁止。因为，店长的工作是指出员工的错误点，并向他提示改善的方法。

举例来说，如果对没有笑脸迎客的员工斥责道："再露出点笑脸！"无法期待会产生好的效果。经常使用的方法是，让员工慢慢地说"茄子"，当说到"子"的一瞬间，让他意识到在这一瞬间，唇角肌肉上提的状态。这样，就可以教会他如何露出笑脸了。

让员工感觉到是被训斥了还是被进行了指导，在一定程度上取决于指导者与从业人员在平日的交往关系亲切度。在建立良好关系的基础之上，"表扬"也是不可欠缺的。

这家店的店长，说被批评的员工没有值得被表扬的地方，这件事本身是错误的。

比如，员工如果精神饱满地向店长打招呼，店长就可以说："你精神饱满的情绪让我感受到了，谢谢。"仅这样一种小的表示，也可以让员工感觉被赞扬了。再举个更简单的例子，当员工将物品搬过来的时候，店长一定要说"谢谢"，仅这样做，也可以拉近两人的关系。

顺便说一下，养成夸奖他人的习惯的诀窍在于，平日里在家庭中，每当伴侣为你做了什么的时候，都要说声"谢谢"。如果这样做，无论家庭还是工作都会顺心顺意，所以还是有尝试做一做的价值的。

如果对顾客接待室接到的投诉进行分类的话，大致可以分为：①没有笑脸迎客；②不打招呼，或者声音很小；③姿态、服装、语气等接待顾客时的态度不到位。为了减少这样的投诉，除了店长在工作现场对员工提起注意外，没有其他方法。然而为了达到此目的，店长在工作中起到表率作用，这种思考方式也是不可欠缺的。为了建立这种员工与店长间的信赖关系，店长应该首先从表扬、认同员工开始着手。

POINT

● 夸赞是非常重要的

让员工感觉到是被训斥了还是被进行了指导，在一定程度上取决于上级和下级在平日交往关系的亲切度上。平日，上级如果不能对下级的努力由衷地进行夸赞，建立友好关系，下级也不会虚心接受上级给他的批评建议。

●要注意笑脸、问候、态度

如果分析一下投诉的内容，①没有笑脸迎客；②不打招呼，或者声音很小；③姿态、服装、语气等接待顾客时的态度不到位，以上三点比较凸显。唯有店长成为员工的表率，这样的投诉才能减少。

解雇在工作态度上有问题的员工

遵守法律，防止纠纷的发生

"突然提出解雇，是不是太可笑了。"……

接到在某个店铺中打工的学生的父母打来的抗议电话。那位打工者对已经排好的班次突然提出要休假，的确在工作态度上有问题。此外，他还有轻微的不服管束，所以因为一点小事，被激怒的店长抛出一句："明天不要来了！"

不论是短时兼职员工还是长时间兼职员工，同正式员工一样，都受到《劳动基本法》的保护。所以，突然进行解雇是存在极大问题的。有必要提前30天预先告知员工要对其进行解雇，或遵从法定的计算方式，向其支付"解雇额外补偿"。然而，这位店长却不知道这件事情。

这一点被其父母指摘后，解雇被理所当然地撤回了。而且作为当事人的兼职者和店长，以及区域负责人三人聚在一起，就今后如何处理进行了协商。

即使在心情上无法接受，也要从遵循法律的观点出发，就事论事地交流，这是理所当然的事情。本来，对于经常休假的兼职人员，事实上是无法委以更多工作的。只要他不改变劳动态度，且不断减少他的班次，这位兼职人员就应该离开店铺，但要避免法律等问题。

对于有问题的员工，要保存对其进行指导的记录

作为回避解雇工作态度上有问题的员工时发生纠纷的诀窍之一，是在对该员工做指导时做好记录。店方"最近总是迟到啊。"→兼职者"我正在反省。"→店方"上一周已经提醒你了，这次又临时请假。"像这样记录下双方的对话，以此为口实，减少他的排班时间，客观上比较容易让对方认同。

此外，非兼职者本人，而是其父母提出抗议的时候，往往并不知道他们孩子的工作态度，这种情况非常多。在那时，存有他们孩子的行为记录，并能够进行说明的话，可以在平息对方怒火上产生效果。

实际上，员工自身或其父母投诉店长的情况并不少见。在现场的员工看来，可能总公司的接待部门比较容易反映情况。例如，无论是长期还是短期兼职人员，从法律上，都有带薪休假的权利，如果店长不知道这一点，员工将会比较困扰。现在的兼职人员，可以从网络上很容易地查到相关规定，

对劳动基本法非常熟悉，所以才会向总公司投诉。

遵守法律虽然是理所当然的事情，但从长期来看，不断减少与员工的争执的诀窍在于，尽量长期雇用那些认同企业理念的人员，建立一家有良好团队协作精神的店铺。

将长期或短期兼职人员立刻从店铺辞退，是一件让人心情不悦的事情。所以，需要向他们提供一个能给他们自信且能积极工作的平台。在新入职的兼职人员中，有相当多的人不具备老员工的技能，所以非常不自信并为之苦恼。对于这些人，可以建议他们观察自己店或同一连锁企业其他店铺员工的工作。因为通过这样可以让他们学习并掌握工作的诀窍，从而得到周围人的信赖。

店铺中，如果有优良的人际关系，在有急事的时候，可以互相换班，像这种相互通融对每个人都非常有利，所以工作起来会非常舒心。优秀员工能够安定就业，发生冲突的可能性也能相应减少。

★ POINT

● "从明天开始你不要来了。"这句话不可以说

不论是短时兼职员工还是长时间兼职员工，同正式员工一样，都受到《劳动基本法》的保护。在解雇员工时，有必要提前30天预先告知员工要对其进行解雇，或遵从法定的计

算方式，向其支付"解雇额外补偿"。此外，带薪休假也是短时兼职员工和长时间兼职员工应得的权利。

●将记录作为一种武器

为了避免以后同工作态度恶劣的员工发生争执，将对其进行的指导内容进行记录也是非常有效的方式。这样能有理有据地说服对方。

顾客问道："这样就完事了？"

如何看穿顾客的真实想法

　　有位中老年男子投诉道："收银员的态度非常恶劣。"因为店长不在店里，由副店长代为接待。顾客说："收银员是把找零扔过来的，你们是怎么教育员工的？"将找零递给顾客的时候，轻轻地把找零放在顾客的手心上，这是基本的。但员工当时可能比较着急吧，在离顾客手心很近的地方，钱落到了顾客的手心里，看起来似乎是被扔给了顾客。

　　副店长告知顾客他是这个店的二把手，为给顾客带来的不愉快表示抱歉，并承诺会努力指导员工。说完这些，男性顾客反问道："这样就完事了？"副店长有点吃惊顾客会这样说，"您这样说，我们也……"副店长话刚说到一半，"算了吧。"顾客说完，扬长而去。

　　那之后，总公司接到了这位顾客打来的抗议电话。然后，店长打电话给顾客表示道歉，得到了顾客的认同和谅解。副店长在处理这件事情的时候，还是存在某些欠缺和不足的地方。

语言中如果有"深层意思"，要改变对应方法

这位顾客可能本来期望店铺的第一负责人店长来亲自道歉，店方却认为不这样做也可解决此事，对于店方的这种态度，这位顾客是无法容忍的。在对话的最后部分，男性顾客问道："这样就完事了？"实际上，这句话隐含着"难道店长不来道下歉吗？"的深层意思。副店长当时感觉顾客可能会索要额外的金钱赔偿或其他赔偿，所以采取了防卫的姿态。这一点，被顾客感觉出来了，所以把交涉的对象变成了总公司的顾客投诉接待室。

店长不在店里，或在当场无法解决的比较严重的投诉的情况下，处理的诀窍在于，从一开始就要仔细倾听顾客所说的话。不要中途打断对方的话，不要急于当场解决，和店长、上司商量之后，过几天再将解决的办法向顾客汇报。这样做的话，就能理解顾客希望店长亲自道歉的真实意思。

不可否认，大多数在餐饮店现场发生的误操作或投诉都能在当场立刻得到解决。正因为如此，较之仔细倾听正在发怒的顾客的话，店方倾向于想立刻解决此事。

当然，一般情况下，这样解决是没有问题的。然而，当顾客问"店长在吗？""你们公司的方针是什么？"这种隐含某

种深层含义的问题的时候，如前所述，请转换心态，切换到"仔细倾听，不要急于当场解决"的模式。有意识地这样做，就能大幅减少投诉迟迟无法得到解决的可能性。

然而，为了看透顾客究竟想得到什么，了解大量的事例还是不可或缺的。据说在某个大型连锁店，将各店铺中发生过的冲突事例，以及直至解决为止的顾客与顾客投诉接待室、店长之间的沟通过程等，均向公司全体员工公开（仅没有公开当事人姓名），由此增强了全体员工力求完善顾客应对的意识，顾客投诉的次数也减少了30%。

汇集于顾客投诉接待室的来自消费者的声音，如实地反映了消费者的心声。

举例来说，伴随东京电力福岛第一核电站事故的发生，消费者向顾客投诉接待室提出的关于食品安全的质询，也在由水向牛奶、食用肉类、大米不断推移。如果将工作的重点转移到强调食品安全性上来，不仅可以消除消费者不必要的不安感，还可以使有效宣传食品原材料安全性成为可能。

★ POINT

●诀窍在于最开始和最后

当顾客暴怒的时候，为了不加剧顾客的愤怒并解决问题的诀窍有两点。第一点，就是在最开始的时候仔细倾听顾客说的话。第二点，不要急于当场解决，和店长及上司商量后，过几天再将解决的办法向顾客汇报。

●通过分享投诉经验，大幅减少投诉

为了了解进行投诉的顾客究竟想得到什么，知晓大量的事例是非常重要的。在某个大型连锁店，通过将所有的投诉事例进行公开，员工均可以自由地了解这些事例，由此增强了全体员工力求完善顾客应对的意识，顾客投诉的次数减少了30%。

完全参照顾客服务手册应对顾客，结果顾客却暴怒了

在发掘顾客真实意图上下功夫

店铺为某道菜准备了三种调味料，顾客可以根据自己的喜好调配。但有一位老顾客来店里的时候，却提出"可否将调味料从三种减为两种，并增加这两种调味料的分量"的期望。

虽说这是顾客的期望，但从原则上来说，擅自改变总公司指示的菜品内容并非一件好事。但是，因为将调味料盛到小盘子里就可以了，所以可以很容易准备。从成本的角度来看，也几乎没有什么影响。做如此简单的事便可以使眼前的顾客非常高兴，所以有经验的老员工会非常爽快地答应顾客对调味料的需求。

但作为新人的学生打工者，却立刻拒绝了顾客对调味料的需求。因为非常露骨地表示了"不能迁就任性顾客的无礼要求"的心情，所以激怒了老顾客。

超出工作手册范围的顾客应对，一定要和上司商量

"不要仅听取一部分顾客的需求，一视同仁地对待所有顾客是非常重要的。"

一般情况下，因为在工作手册中是这样写的，所以当新人兼职者被要求提供工作手册中没有的服务的时候，拒绝也是不得已而为之的。

成熟的老员工，在处理像这次调味料的个案时那样，如果在其能够承受的负担范围以内，会认为："如果能够让老顾客高兴，就尽量愉快地满足顾客的需求。"

但在实际工作中，因为存在很多例外情况，所以当被顾客要求提供工作手册以外的服务的时候，应该对顾客说："因为我个人无法判断，所以我要去和上司确认一下。"并按照当时所在时间段的负责人的指示来行事。将这个内容追加到工作手册中，能够很有效地防止冲突的发生。

顾客最厌恶的是"服务有的时候提供，有的时候却不提供"这种"差异化"。当店方的解释比较暧昧时，顾客会感到愤怒。

例如，某连锁店虽然为进入店里的顾客提供用于擦手的湿巾，但对于开车在店外取餐的顾客，只要顾客不要求，就不提供湿巾，其理由是为了削减经费。包括便利店在内，一

般都采取这种应对方式。

有的时候，顾客投诉接待室会接到来自开车在店外取餐的顾客的意见："因为没有湿巾非常困扰，所以请贵公司一定提供下湿巾。"当时接电话的某位员工却应付地回答道："我们考虑到司机在驾驶汽车的时候最好避免进食，所以没有提供湿巾。"于是遭到顾客严厉的训斥："谁也没说会在开车的时候吃东西，别说这种没用的托词！"

为何这位员工会这样回答顾客提出的意见呢？

这是因为，为了说服顾客："不向顾客提供湿巾并非店方的过失。"顽固地认为，这样做是出于不得不维护连锁店的品牌度。对于顾客提出的"因为没有湿巾非常困扰"的意见，如果能够回答："关于这件事，非常抱歉。我会向我的上司报告此事，看看我们能否拿出相应的解决方案。"从责任感出发做出的回答，可以完满地解决此事。

应对投诉的基本方法在于，仔细倾听对方的话语，并从中找到对方的真实意图。比如说，当顾客问道："这道菜有多少克呢？"的确，基本没有人想知道菜品到底有多少克，恐怕是顾客感觉菜品的分量同想象的不同吧。在回答顾客的时候，请不要仅仅回答重量本身，要捎带一句："请问发生了什么令您不愉快的事情了吗？"这样应该能成为发掘并听取顾客真实意图的机会。

★
POINT

●**顾客将差别化的服务视作问题**

顾客对于店铺的不信任感，源于"店铺的服务有的时候提供，有的时候却不提供"的"差异化"。当店方的解释比较暧昧时，顾客会感到愤怒。

●**考虑下顾客问询的真正用意**

"这道菜有多少克呢？"当听到这句话时，不要仅按照字面意思来接受问话，而应该反问对方："请问发生了什么令您不愉快的事情了吗？"读取到对方的真实用意是非常重要的。为此，有必要站在顾客的立场考虑问题。

难于沟通的高年龄段顾客

如何缓和顾客激动的情绪，且让他变成店铺的常客

前几天，某个店铺的吧台改成了禁烟座席。因为不吸烟的顾客占大多数，所以这是一个必须采取的措施。然而，有一位频繁使用吧台座席，看上去有 65—70 岁的吸烟的男性顾客却非常生气地说："为什么突然变成了禁烟座席？"

可能是因为店长用公事公办的语气回答顾客："因为这是公司决定的事情……"于是这位顾客用非常大的声音进行了抗议。店长认为他的举动打扰到了其他顾客，就对这位年长的顾客说："以后请不要到我们店里来了。"禁止他出入该店。这无异于火上浇油，顾客大发雷霆："我要给总公司的顾客投诉接待室打电话。开什么玩笑！你这个浑蛋！"

此外，顾客也会向服务员询问菜品的卡路里和食品原材料的原产地，当员工无法回答的时候，会被发火的年长的顾客数落"真可怜呀！""学得不够啊！"等，难于沟通的高年龄

段顾客在不断增多。

对方是人生的前辈。
店方要理解成从对方那里得到了"建议"

被店长告知以后禁止出入该店的年长的男性顾客在那之后，真的往顾客投诉接待室打了电话。为平息顾客的怒火，贴近对方的心境也是很重要的。顾客在一开始的时候气势汹汹，接电话的负责人一直没有反驳对方的话，而是一直仔细倾听顾客的投诉。接电话的负责人对这位顾客说他自己也是吸烟的，增加禁烟席，作为一名顾客，的确感觉比较困扰。但是，因为带小孩子的顾客很多，所以增加禁烟席也是没有办法的事情。

之后，向顾客介绍了附近那些可以在吧台吸烟的连锁店铺，得到了顾客的认同，说："下次去看看。"作为投诉本身，已经得到了解决，接电话的负责人还是在最后补充道："如果您到我们店来的话，一定请让我听取您的感想。"然后，挂断了电话。

大多数年龄大的顾客在向店铺提出严苛的投诉时，都是认为"自己正在为了使这家店越来越好而进行着指导"。

因此，如果被投诉了，店方要抱着感谢的心情听取其提出的"建议"。但是，虽说向顾客承诺店铺会进行改善是很好的事情，却没有必要承诺在哪天之前做何种改善等具体的改善内容。一旦和顾客关系变好之后，有相当多的顾客都会成为在每次光顾连锁店时向我们提出对店铺有何感想的"优良老主顾"。

当聆听顾客投诉意见的时候，要使用像"实在抱歉""那件事一定让您不高兴了"这种表达表示体谅对方心情的话语。这些话语如果能够打动对方的内心，顾客会说："我只是把想说的话说出来而已。"这可以使得投诉一下子得到解决。

年龄大的顾客在投诉的时候，经常会说："虽然知道店里很忙，但是……"也就是说，已经超出了顾客能忍耐的限度。抛开年龄不说，一般情况下，只要店铺一方多次做出不周到的事情，便会使得顾客想向店方提出投诉吗？

某大型连锁店进行了消费者调查，根据其内部统计数据，该调查的平均回答点数为 2.5。也就是说，【错误①】顾客进入店内时，没有任何一位员工注意到。【错误②】虽然对视了，但员工没有向顾客打招呼。【错误③】上菜慢。按照这个标准，只要错误的数量超过了 2.5 点，从常理上来说，演变为投诉就并不足为奇了。

顺便说一下，如果事先告知顾客上菜会稍微慢些，或在结账的时候对在这之前的不周到的地方道歉，这种"事前"及"事后"的业务流程，可以降低顾客感觉到的"错误点数"。关于这一点，也要在平日里时刻留意。

POINT

● 对于投诉要报以感谢

大多数年龄大的顾客在向店铺提出投诉时，都是认为"自己正在为了使这家店越来越好而进行着指导"。因此，如果能够对于其提出的指摘抱有感谢的姿态，会比较容易平息对方的怒火。

● 不周到的事情超过2.5个就糟透了吗?!

根据某大型连锁店的调查，像"顾客进入店内时，没有任何一位员工注意到""上菜慢"这种店铺一方的不周到，如果顾客到店里来时遭遇了2.5个以上，便会演变为投诉。

高声抗议，影响周围人的顾客

如何在不打扰其他顾客的前提下处理投诉

"你说我打扰周围人了，你这是什么意思？"……

前些日子，有位男性顾客，对在限定时段销售且有赠品的商品被卖光一事，向员工提出了抗议。赠品是某个动画人物的吉祥物，这位男性顾客是这个动画人物的狂热爱好者。所以反复强调："本来很高兴地来到店里希望能领到赠品，结果当我赶到的时候，促销会已经结束了。太令人沮丧了！究其原因，那个促销会的通知书写得让人难于理解，是造成我误解的原因，所以不能为我做点什么吗？"

那位顾客的声音很大，连邻桌的顾客们也无法平心静气了。于是员工对这位顾客说："您这样打扰到了周围的顾客，能小点声吗？"话一出口，就激怒了这位男性顾客。

当其他顾客带着说教的口气警告他时："你小点儿声吧。"他反口道："跟你没关系吧。"从而导致顾客之间开始争吵。

向顾客转达 "想仔细倾听您的投诉"，将顾客引到不会打扰到其他人的地方去

如果事态升级到顾客之间开始争吵，并且不接受员工的劝说的话，只能将警察（大型商场的保安人员）叫来参与仲裁。顺便说一下，这种情况下，警察并不会带走顾客，所以尽管放心地拜托警察来处理。

这次纠纷也是如此，在店内，投诉的顾客用很大的声音表示抗议的姿态，会影响到其他顾客的心情。因此，店内的员工容易说出："您打扰到周围人了。" 然而，这样说无异于在对对方说："你的存在本身就是对周围人的打扰。" 会加剧自认为在主张自己正当权益的顾客的愤怒。

那么，如何跟顾客说才好呢？

这种场合下，要说："我想好好听听您所说的，请移步这边。" 应该将顾客引到不会打扰到其他人的地方去。这样做，可以将店铺一方的诚意传达给顾客，也可以让顾客息怒。

绝对不能做的事情是，为了强调店铺一方的立场而打断顾客的话。此外，要绝对避免驳斥对方。不给对方留有情面，只会增加对方的愤怒。另一方面，珍视 "花费点儿工夫解决问题"，也会在解决投诉上发挥作用的。例如，论及这件事，不要简单地回答 "没有赠品了"。而应查一下总公司是否有赠品的存货，可否调货过来，或是下一次什么时候有类似促

销会，查过之后转达给顾客。仅这样做，顾客的心情也会变得很不同吧。

此外，与其对大为愤怒、正在大声呼喊的顾客说"我要叫警察了"，不如说"顾客您这样做太吓人了，请不要这样做了"更加有效些。

最后，作为很重要的心态，对于投诉，不要特殊看待，请将应对投诉当作平日接待顾客的一部分来看待。如果把投诉当作一种麻烦来看待并生硬对待，这种态度一定会传递给顾客的。

在接待顾客的过程中，如果遇到确实有困难的人，店员会自然而然地想帮他做点什么。同样，应对正在发怒的顾客也要一样，"您因为什么而发怒呢？我可以为您做点什么吗？"如果能够这样自然地、由衷地考虑问题，这种诚意也一定会传递给顾客的。

✦POINT

●不能驳斥正在投诉的顾客

即使顾客有误解，也不能做出指出事实、驳斥他的行为。只要让顾客感到不快，就不能解决问题。

● "花费点儿工夫解决问题" 很重要

要解决投诉，意识到"花费点儿工夫解决问题"很重要。如果某个商品缺货，就查询一下总公司或姐妹店是否有库存，这种关照会让顾客感受到店方的诚意。

回家后的顾客发来的投诉邮件

如何发觉隐藏的不满和"无声的投诉"

"邻桌的顾客太吵闹了，让人非常不愉快。为什么不提醒他们呢！"……

前些日子，收到了一封独自来过店里的顾客发来的投诉邮件。他原本想要悠闲地喝杯咖啡，但邻桌坐着的一些年轻顾客却非常吵闹，他一点儿也没能放松心情。

据说发生投诉的那个时间段的负责人似乎没有注意到吵闹的顾客。假设注意到了，如果那位负责人不知道如何提醒吵闹的顾客别招致其他顾客的反感，那位负责人也会被投诉。

负责人要经常环视全场

顾客的隐藏的不满，即所谓"无声的投诉"，会让店方错失了解顾客为何沉默不语不会再次光顾心情的机会，也会失去进一步改善的机会。

那么，哪种不满容易成为无声的投诉呢？

据说某大型连锁店的顾客会谈室的负责人对寄到公司的匿名投诉邮件进行了分析。之所以分析匿名投诉，是考虑到其不求店方的回信，因而比通常的投诉更接近无声的投诉。

这样就明白了"店方不提醒打扰到其他顾客的吵闹顾客"容易导致无声的投诉。还有，顾客在收银台排队等结账，而店员却很长时间没发觉等，这种对服务方面的不满也要引起注意。

减少无声投诉的诀窍是，店长或每个时间段的负责人，经常环视大厅全体顾客。为什么这样做呢？因为感到不满的顾客会用眼睛寻找员工，不满情绪会从眼神中流露出来。无声的投诉表现在顾客的动作或表情中。也就是说，如果持续地关注顾客的举动，就能在早期阶段发现并处理顾客的不满，对无声的投诉防患于未然。因此，如能够放心地把厨房的操作拜托给员工一样，也有必要下功夫进行人才的培养及对排班制度的加强。

其次，对于在避免影响顾客的心情的同时，制止他对周围人产生困扰，应该注意些什么呢？

有三个要点。第一点，要对顾客说："您会影响到其他顾客。不好意思，能否请您小点声讲话？"明确说出提醒顾客行为的理由。

第二点，要把握好讲话的时候。吵闹的团队顾客不会总是情绪高涨、气氛热烈，应该有安静的时候。注意不要插话，要等到在他们变安静时再去制止。

最后一点，为避免在为顾客服务时俯视顾客，员工要蹲下，从相同的高度看着对方的眼睛，用周围的顾客听不见的音量去和顾客说话。如果用邻桌都能听到的很大的声音提醒顾客的话，会让顾客感到尴尬。

如果做到以上几个要点，大多数顾客都会认同店方的主张的。

★
★POINT

● **经常环视顾客座席，能够减少无声的投诉**

当顾客对某些事情感到不满时，其视线或表情已经表现出征兆了。店长或某时间段的负责人如果认真观察，就能够尽早发现这种不满。

● **在提醒顾客时，不要让对方出丑**

对于给周围人造成麻烦的顾客，在提醒他时，注意不要伤害到其自尊心。如果能够和顾客目光相对，用周围人听不到的音量小声地传达店方的期望，事情恶化的可能性就会变小。

因店员抚摸孩子脑袋而被激怒的顾客

不要忘记"孩子也是顾客"

"不要接近我家孩子。我会报警的！"……

前几天，在某家店铺，一个女员工抚摸了一下来店的小孩子的脑袋说"真可爱啊"，小孩的父亲十分愤怒。孩子父亲真的报警了，发生了这种让人惊讶的纠纷。

当然，女员工并没有加害小孩的意思，所以从警察的角度看，她没有任何问题。但是，对顾客出于一片好意却引发了这么大的投诉，女员工也受到了很大的打击。

员工和小孩子交流，很多顾客会为此感到高兴，这次的纠纷是个例外。但是，惹怒顾客的事情也是有的。有没有方法来区分哪些顾客应该主动地搭话进行交流，而对哪些顾客不应该这样做呢？

看着顾客的眼睛确认交流是否妥当

积极地和顾客搭话等，像这种和顾客进行工作手册之外的深入交流的要点在于，要认真地看着顾客的眼睛。请确认顾客说话时是否看着员工的眼睛，能否进行有很好的互动的会话。那些讨厌员工搭话的顾客是不会看员工的眼睛的。

确认好顾客的反应，就能够大幅降低友好待客却适得其反的可能性。这次的纠纷如果也按这个程序做，也许就可以避免了吧。

还有，有必要注意一下接待儿童的方式。不能忘记的是，儿童也是顾客。和儿童说话的时候，双手要放在膝盖上，在和小孩视线平行的高度讲话。如果以俯视的姿态和小孩讲话的话，会给小孩以威压感，有可能得到意想不到的反应。

此外，小孩在店内到处乱跑给其他顾客带来麻烦时，不要直接提醒他，要请求监护人制止小孩乱跑。员工批评小孩的话，顾客可能会对店铺一方的处理方式动怒。

请求监护人管束自己小孩的时候，一定不要说"他给周围的顾客添了麻烦"，而要说"如果您孩子撞到哪儿受伤的话就不好了"。以担心小孩安全的口吻来说比较好。如果不那样做，顾客很可能会发火说："我家孩子来店里给你们添麻烦了吗？"

也许你认为一切不过如此，但顾客看待员工的言行却各有不同。立足于这一点，让我们认真思考一下什么样的服务才会让顾客喜欢且心生感动呢？这一切都是自然而然地进行的。

比如，突然下起雨时，在露天停车场看见了顾客，就出去迎接并递上毛巾之类的。工作人员为顾客考虑，并不是上级的命令，而是自发的行为，这样才能让人惊讶，令人感动。

那么，怎样才能使员工向顾客提供良好的服务呢？店长经常表扬部下最有效。用"××，谢谢你"表达感谢时，要称呼其名。"笑容很爽朗""总是充满活力"等，哪怕是微不足道的内容也没关系，看见员工好的地方一定要表扬。

如果能创造一种使员工以积极向上的心态来工作的环境，员工也就能一点一点地体贴入微地服务顾客。

POINT

●顾客的区分方法

区分顾客是否能够积极地进行交流，方法在于看着顾客的眼睛讲话。是否和你目光相对，或能否进行有很好互动的会话，这些都是判断的基准。

●提醒小孩的时候

提醒小孩的时候，不要直接去提醒，而要去请求监护人。不要指责小孩给周围顾客带来了麻烦，而要强调是为了孩子的安全着想。

不认同解释的顾客

如何判断是否是"恶劣的投诉者"

"你们这是在伪造食品!"……

前几天,来过某店铺的顾客打来了投诉电话,关于他吃过的菜品的食材"A",顾客说"我向店长投诉,难道不是使用了价格便宜的食材'B'吗,店长承认了"。

因为顾客提出"想听听公司的正式的意见",所以地区经理后来联系了顾客,并解释说"我公司严格地使用了食材'A',并没有伪造食品"。但顾客坚持说公司的解释不充分,一定是隐瞒了伪造的事实。甚至说还要联系媒体,请求对该公司进行调查。

当然,店铺是按照标识的那样使用了食材"A",并没有伪造。应对投诉顾客的负责人,虽然礼貌地进行了解释,但没有取得顾客的谅解,也很为难。这种顾客是否是"恶劣的投诉者"呢?

终止交涉的判断标准是是否希望顾客再来店里

这件事例中的顾客，不能算作为了得到金钱而有不正当要求的"恶劣的投诉者"。

事情的起因在于，店长在没有确认食材的情况下，就按照顾客投诉的那样承认了"使用了不同的食材"。再加上运气不好，本应该站在更正误解立场的地区经理的解释不够充分，以及他傲慢的态度，使得顾客越发愤怒了。

那么，什么样的投诉顾客是"恶劣的投诉者"呢？

前几天，在另外一家店铺，有一位顾客投诉，他主张道"不知道瓶盖没盖，使用桌上的沙司时弄洒了里面的酱汁。酱汁把我的高级手表弄脏了，修理费正常也需要 50 万日元左右，你们给 5 万日元就行，请马上赔偿"。

店方并没有特意确认在那位投诉顾客入座前沙司瓶的盖子是否敞开着。但是，即使瓶盖敞开着，瓶子拿在手里时，一般顾客会注意的。仅一味地责怪店方不好是不对的。

尽管如此，这位投诉顾客无视这一点，一味地责怪店方，并断定有必要修理被酱汁污损的手表，要求店方立刻支付修理费，逼迫店长，纠缠不休。

像这种一味地指责店方（有时甚至是捏造事实），一边要求赔偿大笔金钱补偿，一边还说"我是出于好意，已经给你们减少了金额，请马上支付"，用这种言辞逼迫店铺负责人，这是恶劣投诉者的惯用伎俩。

在这次的事件中，投诉顾客说"要请媒体调查食品伪造"，虽然言辞显得不太沉稳，但如果是感情用事的顾客，是会说出这样的话来的。首先，还是要将其当作普通的顾客来对待。

但如果反复出现相同的投诉，就需要特别注意。即使不是以图财为目的，也有这种以故意刁难公司为乐的恶劣投诉者存在。

还有，如果错在店方，即使给予顾客相应的补偿，也会有顾客不依不饶。

终止交涉的标准是，是否希望那位顾客"再次光临"。如果不希望顾客再次来店，就告之"因不能满足您的要求，对于这件事的处理就到这次为止"，有时不得不放弃交涉。

POINT

●恶劣投诉者与普通顾客的区别

恶劣投诉者多以得到金钱为目的，一味地责难店方的负责人，做出在精神上逼迫店方的言行。另外，重复投诉相似内容也是特征之一。即使停止理会具有这种明显特征的投诉顾客也没关系。

●终止交涉的时间点

应对投诉时，即使向对方赔礼道歉或给予对方相应的补偿也得不到顾客谅解的情况下，判断是否继续应对投诉的标准是，是否希望那位顾客再次光临店里。如果不希望顾客再次光临，此时，便可认为到了终止交涉的时间点了。

用沉默施压的投诉者

何时终止应对投诉

"别挂（电话）！"……

店里接到一位顾客打来的投诉电话，说购买的外带饭菜中有头发。

那位顾客的要求是"公司要写检讨书，对店铺员工的DNA进行检验，找出具体是谁的毛发"。由于用写检讨书的方式向顾客道歉有违公司的原则方针，公司予以拒绝。再有，检验DNA会侵害员工的隐私，费用也是巨大的，所以根本无法做到。

虽然无法答应对方的要求，但也表达了对给顾客造成的麻烦的歉意，对方却保持沉默。负责人说了好几次"那请允许我挂电话了"，对方却一直完全沉默。当负责人正要挂断电话的瞬间，不知为何顾客突然粗暴地吼道："别挂！"

这种相互交锋持续了一个小时以上，最后终于结束了。

那位负责人说，简直无法忘记拿着电话听筒时，因为害怕，手不停地颤抖的那种场景。

为了保持心理健康，周围人的帮助不能少

在投诉当中，有这种类型的投诉者，在电话里一声不吱，保持沉默，店铺这边要挂断电话的时候，又吵嚷着"别挂!"。

这是投诉者常用的手段，让电话另一头的人疲惫不堪，最后不得不按照投诉人的要求解决纠纷。其目的是得到金钱。如果不能听取对方的解释，且不能正常商量的话，协商不成挂断电话也是一种妥当的选择。

但是，当实际陷入那种状况时，负责人很难保持平静的心情。沉默持续期间，只有咔嗒咔嗒这种敲击键盘的声音从电话那头传过来，会感受到对陌生的对方的一种强烈的恐怖感。经历过几次也许能习惯，但让接电话的负责人努力坚持过来的原因，是来自上司或同事等周围的人们给予的许多建议，并且周围人能够倾听他的抱怨。总之，是得到了周围人的支持。

如果这种纠纷让你感受到了强烈的压力，要把这些事情向周围的人倾诉。压力通过跟周围人交流可以得到很大的缓解。

顺便说一下，最近由工作上的过度的压力导致的"抑郁症"备受关注，对于这个病来说交流沟通很重要。

和员工交流并不仅仅是谈话，要注意表现出理解对方心

情的姿态。例如，听到员工说"很累"时，自己也要重复对方的话"是很累啊"。通过这样，体现对员工的心情抱有"同感"。这与应对投诉时感同身受地倾听顾客的讲话的诀窍是一个道理。

根据心理健康专家的说法，工作超时，就是如果每个月加班超过 45 小时的话，就存在对其身心产生一些不良影响的风险。当然，超时工作的时间越长，其风险也就越高。也就是说，对于容易长时间工作的很多餐饮店的店长级别的人来说，会经常面临心理健康受到损害的风险。

另外，如果感觉症状不容忽视的话，本人要去接受专业医生的诊断，而不是让外行来判断是否患有抑郁症。曾经发生过这样一个事例，有位店长来找地区经理商谈，并说"想去死"。在那之后，他被诊断为患有抑郁症，并辞去了工作，地区经理至今仍然后悔不已，认为如果能够更早一些发现他的异常状况就好了。

POINT

●**电话中沉默的投诉者**

即便是投诉电话，也有顾客在打电话的过程中很少说话的情况，这是为了达到通过沉默让店方负责人感到疲惫不堪的目的。大体听一下他的投诉内容，如果重复同样的话，类似前言不搭后语，挂断电话也是一种选择。

●如果一个月的加班时间超过 45 个小时要引起注意

根据心理健康专家的说法，工作超时，就是如果每个月加班超过 45 小时，就存在对其身心产生一些不良影响的风险。请给予下属身心健康的关怀。

第 2 章

操作失误了！

缓和顾客怒火的会话技巧

因为对应先后顺序错误使顾客非常生气

缓和顾客愤怒的奥秘

"把我的时间还给我！"……

有一家快餐店，在午餐时间，总会有很多顾客在前台排队等待点餐。昨天，店内比平日更加拥挤混乱，顾客排队的顺序有点不好辨别了。

因此，本应向已经排到点餐顺序的顾客询问点餐内容，店员却将这位顾客晾到一边，而是询问了其他顾客的点餐内容。发生了这样的错误后，被插队的顾客非常生气，过后往店里打来了抗议的电话。

这位顾客是位已过中年的男性。顾客说："因为被搞错了排队顺序，所以多排了 10 分钟的队，把时间还给我！"虽然店铺一方不断地道歉，顾客却不依不饶。

这位顾客向我们提出了不可能实现的难题，那么他是否是一位为了获取财物的投诉者呢？

100 人中只有 1 人是恶劣投诉者

针对"把时间还给我"的投诉，店方不应该为了道歉而进行相应的金钱补偿。但"因为顾客说了不讲理的话，所以他一定是恶劣投诉者"的想法是错误的。

店铺的投诉者中，100 人中只有 1 人会欲求从店方获取不当财物。大多数连锁店的顾客投诉接待室负责人都实际感受到，这种人最多在 50 人中有 1 人。

顾客中也有相当一些人会说些"你是在瞧不起顾客吗?""这些浑蛋"等成年人在平日里不会说的话语。

正在生气的顾客并不是为了攻击我们而说了各种各样的话，而是为了让我们理解导致发怒的"理由"或"自己哪里是正确的"。可以举这样一个例子，顾客为了赶着去进行一次重要的商谈，电车的发车时间就要到了，心情会非常焦虑吧。且不论其言语措辞的对与错，应该能够理解他本身这种焦虑的心情吧。

通过电话事后询问事件过程的时候，首先，①对顾客表达经常光顾本店的感谢的心情。②对于顾客虽然经常光顾本店，本店却没有达到顾客所期待的服务水平等，表示道歉。此外，③对顾客说："能否听取您更加具体的意见呢?"以听取顾客更加具体的投诉内容。

如果像这样一步一步地应对顾客的投诉，正在发火的顾客也会感觉到店方会认真努力地听取自己的投诉意见，愤怒的心情也会一点点得到平复。

在听取顾客投诉的过程中，重要的是对顾客说的内容有所响应。"是的""嗯"是最基本的，时而重复对方的话也会产生不错的效果。

比如，顾客说："我都等了 10 分钟了。"店方抱着愧疚的心情说："让您等 10 分钟了呀。"可以让顾客感觉到"自己想说的话已经传达给了对方"。如果能够这样应对投诉的话，投诉得不到解决的情况会大幅减少。

此外，为平静对方的怒火，语调也是出乎意料的重要。男性如果降低声音，可以给人以稳重的印象，可以让人感觉到投诉能得到很好的解决。理想的声音的语调是演员福山雅治的声音。在 DO RE MI 的音阶中，注意用 SO 的高度来说话，可以提升给人的好印象。

POINT

●想象一下顾客的心情吧

很多情况下，从店方角度出发，只是犯了一个小小的错误，而对于顾客来说却是很严重的事情。不要仅考虑"让顾客等了 10 分钟"，想象一下如果让顾客等 10 分钟会给顾客造成很大的麻烦，便可以很容易理解顾客愤怒的心情了。

●关键是重复对方说的话

当听取顾客投诉内容时，用"是的""嗯"等来回应顾客说的话虽然很重要，但瞅准时机，抱着愧疚的心情重复对方说的话也会有非常大的效果。这样，可以产生平复顾客愤怒的效果。

因为下错单使顾客非常生气

如何才能减少马虎大意而引起的错误呢？

"你在把我当笑话看吗！"……

在某家快餐店，有位中老年男性顾客在点一个套餐的时候，告知服务员不要加其中一个食材——番茄。

因为如果像这样有特殊要求的话，需要从一开始就把这种需求告诉厨房里的员工。然而，点餐的时候正赶上高峰时段，服务员可能是因为太忙了，忘记告诉厨房了。

因为是快餐店，饭菜都是在吧台由员工递给顾客的，男性顾客就一直站在吧台前面等着。

注意到这次意外事件的不是接受点餐的员工，而是他的同事。"是不是忘记把订餐内容告诉厨房了。"他把这句话说给接受点餐的员工时，"噗"的一声不怀好意地笑了一下。这件事自始至终都被正在等餐的中老年男性顾客看在眼里。结果，员工被极为严厉地训斥了。

如果是焦急的顾客，一定会从他的表情或态度中表现出来

首先，身为与顾客直接接触的职场员工，在做错某件事的时候，应该戒除因为羞愧而不怀好意的笑或苦笑的习惯。工作中，各种不当的行为会造成顾客的误会。

接受了点餐却忘记提醒厨房，或把菜做错了。像这种点餐错误，是无论怎么注意也无法根绝的。

作为预防发生这种错误的方法——"时常观察顾客的状态"，养成这种习惯是非常有效的。

为何这样说呢？因为非常焦急的顾客，会从他的表情或举动中表现出不同往常的情况。会用非常严肃的表情盯着员工、会用手指咚咚地敲击桌面的形式向员工传递"我等得有些不耐烦了！"的信息。努力发现这些非常重要。

造成点餐错误的一个原因是，使用点餐器时发生了错误。因此，为了不点错菜，要在顾客面前重复一下点餐的内容，这是最基本的。另外，在点过餐后，忘记按下点餐器的发送按钮，点餐内容并没有发送至厨房的错误也并不少见。

所以，有些连锁店指导员工，和顾客确认完点餐内容后，在按下点餐器发送按钮的时候，一定要大声说出"顾客点菜了"等话语。一边发出声音一边操作的目的在于减少马虎大意导致的错误。

减少错误所做的努力是不可或缺的，错误发生后的跟进也是很重要的。请将以下内容定义为公司的规章制度：让员工在忘记了点餐的内容，或点错了菜，而这种错误被顾客指摘的时候，无论多忙，也要向店长（或者时间段负责人）报告。在纠纷发生时或是在结账时，顾客如果能够得到来自店长的道歉，应该会在很大程度上化解愤怒。

此外，在繁忙时段，比较容易发生点餐错误。并且，减少错误的诀窍在于心情上要留有放松的空间。

那么，如何做才能产生放松的空间呢？取决于充分的准备。店长稍微早点来到店里，确认一下当天排班表上人员的能力程度及仓库存货的状况，事先预想一下会发生的纠纷，仅这样做便可在相当程度上顺畅地解决矛盾。

POINT

● 注意顾客的一举一动

点过的菜总不来，非常焦急的顾客一定会在他的表情或举动中表现出来。如果能够养成随时注意顾客一举一动的习惯，就可在顾客发火前提前询问有何不妥。

● 有投诉，一定要向店长报告

要让员工遵守以下规则，无论多忙，只要接到顾客的投诉，都要向店长或该时间段负责人报告。如果在早期阶段，顾客能够接受来自店长真诚的道歉，便可大幅降低投诉发生的概率。

投诉的顾客与店长说的不一样

如何解决很难解决的投诉

"那个店的店长下错了单还不道歉，不仅如此，还盯着我看，你们公司是怎么进行员工教育的啊！"

曾经接到过一位中老年的顾客打来的严厉的抗议电话。据顾客说，之前到店里来的时候，店员一直不来取点菜单，等了好久，一点也不愉快。这次又下错了单，为了引起店方的注意，才向店长提出了抗议。然而，店长非但不道歉，还在换菜的时候一直盯着自己。顾客一直在强调这些。

但负责人问店长的时候，店长却说很诚恳地向顾客道过歉，并没有盯着顾客。

从店长平日的言行来考虑的话，他向顾客做出如此失礼的事情是不可思议的。当投诉很难解决的时候往往会发生这样的事，但为什么顾客说的话与店长说的话不同呢？

顾客发火时听到的道歉只会被当作借口

平息对方在投诉时的怒火的诀窍在于，首先要仔细倾听对方说的话。但即使这样说，在忙碌的时候，一直认真地听取投诉顾客的话语却是很难做到的。

正如店长报告的一样，店长应该是向顾客进行了道歉，也没有做盯着顾客看之类的事情。但应该更加从容地倾听顾客说的话。

这次顾客生气不仅仅因为上错了菜，还因为上次来店时员工总也不来取点菜单。顾客应该是期望店长在仔细倾听自己所说的以后进行道歉。店长却忙于立刻重新加工顾客点的菜，没怎么注意听顾客说的话。

顾客的愤怒在平息前，员工无论说什么都会被当作借口来对待。很多情况下，即使没有盯着顾客，也会被先入为主地认为是。这次可以说是一个典型的事例吧。

虽然用语言来表达歉意是一件简单的事情，但能够想象到对方的心情，同这种心情产生共鸣，抱有这样一种心态倾听对方的投诉话语，无论如何都是最重要的。投诉内容中，有些内容从店方的角度看可能是需要反驳的，但在听完顾客投诉内容前，还是要抱着顾客是百分之百正确的心态来听取顾客的投诉。

当然了，如果有需要确认的事情，问一下顾客也没有关系。但在问之前，要先说"非常抱歉，可以问您一下吗？"之类的话再询问顾客。

此外，应对完顾客的投诉后或在顾客离开店铺的时候，再次将抱歉的心情传递给顾客是很重要的。一定要在应对顾客的投诉时有此觉悟。

虽然如此，即便和顾客进行了充分的交谈，最终不欢而散的投诉也是有的。

例如一次在停车场发生的纠纷。停车场一方被要求："在店铺的停车场，我的车被剐碰了，请赔偿我。"当然了，只要不是停车场的结构及设备问题造成的剐碰，而是顾客驾驶错误的话，是没有必要进行赔偿的。即便如此，顾客仍然坚持赔偿，让这样的顾客接受道歉并放弃赔偿是很难的。往往不得不以争执结束。

POINT

● 先"倾听"

给投诉顾客留下的关于店铺的印象好坏，取决于店铺一方是否能够仔细倾听他的投诉内容。在倾听顾客投诉的时候，如果抱有对方主张的内容是百分百正确的心态，会更容易将诚意传递给对方。

●反驳是没用的，询问是 OK 的

顾客的愤怒在平息前，反驳或试图解开误解是没有意义的。但是，为了更好地理解对方所说的内容而进行询问是可以的。在询问的时候，一定要先说"非常抱歉，可以问您一下吗?"之类的话。

高峰时段遇到强硬的投诉顾客

让顾客配合，很好地应对投诉的方法

"不要把我当作傻瓜！"……

某位男性顾客抓着店长的衣服前襟大声怒吼，店内立刻一片安静。发生这件事的原因是，店长因为当时很忙，不自觉中没有按照正常操作顺序做了菜。其结果是，菜品的味道和本来的味道大相径庭。

于是，顾客投诉道："味道和平时的不一样，真奇怪。"本来是店长走过来就可以解决的事情，店长却非常焦躁地、强硬地强调道："菜是按照正常的方法做的。"

因为顾客说是菜的味道不对，本来应该尝下菜的味道，或向顾客建议厨房重新做一次，这样用亲切的方法来应对。但店长却只想着尽快解决投诉，坚决地强调："我并没有做错。"对这个态度，顾客极为愤怒。这就是这件事的经过。

店长因为焦躁说谎自然是有问题的，当然在繁忙时段遇到投诉时，也确实容易前言不搭后语地应对投诉。在这种情况下，应该怎么做呢？

没有时间的话，应该坦诚地告知顾客

在繁忙时段人手不够的时候发生投诉，员工往往会对应该先服务眼前正在发火的顾客还是应该优先服务周围正在等待上菜的顾客而感到困惑。

这种情况下，原则上应该优先服务眼前正在发火的顾客。忙碌这件事是店方的事情，跟有不愉快经历的顾客是没有关系的。

即便如此，如果顾客不接受店方的处理方法，纠纷直到解决有时需要很长时间。在这个时候，对顾客说："因为现在人手不足，无法充分处理您的投诉，过后让您投诉的当事人跟您联系。"从而结束当场的投诉应对。

重点在于，"并非为了方便我方，而是为了在顾客接受解决办法前进行充分的交谈，请给我们一些时间"。要将这种心情传达给对方。

投诉迟迟得不到解决的原因之一在于，没有正面对待投诉，店方显示出了"逃避"的姿态，而且让顾客感觉到了店方的这种态度。这件案例中，那位被顾客抓住衣服前襟的店长，正符合这种情形。

那么正面对待投诉，如何做才好呢？

某餐饮连锁店教育员工，以下四条是在应对投诉时必须做到的：①"倾听"，②"道歉"，③"让顾客满意"，④"将感谢的心情传递给顾客"。

顺便要说的是，其中最为重要的是第一条"倾听"。在倾听顾客发火理由的时候，为能使顾客一吐为快，一边倾听、一边附和顾客的话是秘诀。

第二条，要明白顾客投诉的内容是什么，对于这个事实，请对顾客说出"对不起""很遗憾给您带来麻烦"等道歉的话。

第三条，所谓"让顾客满意"，说的是，如果是关于菜品中混入异物的投诉，或者重新做，或者退钱。在店方能够做到的范围内，朝着解决问题的方向提出建议，是能够得到顾客认同的。

最后，请对顾客能够说出投诉的内容表示感谢。如果顾客默不作声，店方就无法发觉。关于这一点，也要鼓起勇气向顾客表达，表示感谢是理所当然的事情。

POINT

●对于繁忙时段的投诉

在人手不够时发生投诉，当场解决如果比较费时间，要坦诚地将该情况说给顾客，得到顾客允许后再处理此事。关键点在于，抱着"为了能在顾客接受解决办法前进行充分的交谈，请给我们一些时间"的心情向顾客提出建议。

●分四个阶段解决投诉

对应投诉可以归纳为：①"倾听"，②"道歉"，③"让顾客满意"，④"将感谢的心情传递给顾客"四个流程。最为重要的是"倾听"。一边附和、一边仔细倾听顾客意见，才能找到解决投诉的突破口。

将操作顺序搞错的员工

为什么会发生不应该发生的错误

"肉没烤熟，这不是生的吗？食物中毒了怎么办啊！"……

前几天，我们店接到了这个投诉。确认过后，的确如顾客指出的一样，有道肉菜的一部分肉处于没有充分烤熟的状态。

牛肉如果生吃的话，会存在大肠杆菌和弯曲杆菌造成食物中毒的风险。像这次的情况，牛肉已经加热了，所以食物中毒的可能性是极小的，但顾客非常担心会食物中毒，所以将那道菜的钱退给了顾客，同时建议顾客去一下医院。在那之后，并没有接到来自那位顾客的电话。可以推测没有发生类似腹痛的身体不舒适的情况，没有食物中毒，店方这下放心了。

但是，进行烤肉操作的员工如果按照操作手册进行操作的话，就应该不会发生这样的纠纷。虽然总是指导员工要按照操作顺序进行操作，但还是给顾客带来了麻烦。

包括操作顺序的"意思"，也要仔细地教给员工

餐饮连锁店发生投诉的原因，大体上可以分为两类：第一类，没有严格按照操作手册上写的操作顺序进行操作；第二类，只按照操作手册上写的和上司说的来做。

例如，这次的案例，烤肉所使用的瓦斯炉火力过旺，铁板被加热过度，肉的表面立刻被烧焦，这是造成投诉的起因。

其结果是，员工主观地判断，"肉的中间部分也烤熟了吧"。因为判断肉的中间部分是否烤熟是很难的，所以员工没有凭借感觉来判断，而是遵照用计时器计时的规则进行了操作，员工当时相信了自己眼睛看到的时间了。

因为这道菜所使用的肉的油脂特别容易渗出，油脂很容易使表面变焦。在烤肉时，为了从感观上达到刚刚好的状态，需要使铁板保持一定的温度，同时需要将肉在规定的时间内放在铁板上。

为此，一天中需要多次测量铁板的温度。实际上，发生纠纷的这家店也按照规定测量了温度。但虽然发现温度比平日高出很多，也没有对铁板温度做出调整。为何如此呢？因为虽然有测量铁板温度的指示，但员工并不知道为什么要测

量温度。

员工可能并没有注意到当铁板的温度比平日高或比平日低的时候，出菜时会影响菜品的品质，并不是所有人都能注意到这一点，所以请尽量将每个操作的"意义"也一并传达给员工。如果不这样做，还会发生意想不到的错误。

当在我们连锁店吃过饭的顾客偶尔不舒服时，请医生诊断过后，即便没有确凿的证据，将问题归咎于饭店，做出这种轻率的发言的医生还是存在的。如果医生这样说，不论是谁都会偏信是该店的不好。

解除误解最具说服力的是，向医生确认过后，"其他顾客没有提出身体有什么不舒服"。将以上事实告诉给顾客。但因为确确实实给顾客留下了不愉快的回忆，所以要抱有关切顾客身体状态的心情来接待顾客。在接触顾客时，要将这种心情表现在说话态度和表情中。

POINT

● 只能做到被要求做的事情

只能按照操作手册或上司的指示进行操作，是因为并没有人将指示的"意图"教给操作人员。

●一部分有轻率发言的医生

　　的确存在一些医生在没有确凿证据的情况下，对患者说："你不舒服多半是在饭店吃过饭导致的。"在这种情况下，只能一边对顾客的身体状况表示关切，一边消除误解。

特定店铺投诉多的理由

员工之间是否关系融洽

"让我等太长时间了！"……

因为上菜需要花费时间而被投诉的纠纷是永远都会有的。

等待时间如果超过 15 分钟，容易发生投诉，所以要指导员工在点菜的时候，事先与顾客确认："您点的菜需要花些时间，可以吗？"如果上菜可能晚，在刚点完菜也时要对顾客说："可能要多花点时间才能做好，实在抱歉。"这样做，本可以大幅减少投诉的数量，但为什么并非如此呢？

恐怕是因为如果让顾客等待 15 分钟以上，在给顾客上菜的时候，向顾客表示道歉也是理所应当的事情，然而员工很多情况下都没有这样做，才使顾客很生气。投诉多的店和投诉少的店之间究竟存在何种差异呢？

为了减少这种投诉，"团队合作"是不可或缺的。"因为是炸制的食物，所以很费时间。"类似这样，厨房要向前厅传递准确的信息，如果能够建立这种合作关系，就会大量减少给顾客造成麻烦的事情发生。然而在现实中，像这种顺畅的人际交流关系，在员工之间却往往没有建立。

通过打招呼改变顾客对店铺的印象
从投诉中能够学到的管理体制的建立

在餐饮连锁企业接到的众多投诉中，排名在第一或第二的投诉是当顾客进入店里时员工没有打招呼说"欢迎光临"。虽然不是什么大的错误，但为了减少不断出现的投诉，向顾客打招呼实际上是非常重要的。

比如说，当顾客进入店内时，没有听到"欢迎光临"的话，顾客会感觉被轻视了。

为了改善这一点，需要"店长的力量"。

在那些平日里店长带头大声地、精力充沛地向顾客打招呼的店，全体店员会精神饱满。如果这样做，即使某位顾客感觉"没人跟我打招呼"，稍微在店里待上一段时间的话，顾客会想："可能是我的错觉。"在能够创造活力气氛的店铺里，仅仅因为气氛活跃，也可以大量减少与打招呼相关的投诉。

有关店长的指导力，"敷衍了事"的投诉也很多。从根本上来说，这是经营管理者的姿态问题。纠纷的案例要在全公司范围内进行信息共享，"他山之石，可以攻玉"，采取这种管理体制也是很重要的。

某家连锁店向员工征集避免在打包外带食品时忘记加入菜品的好点子。收集到了很多提案，包括在收银台内侧，顾客看不到的死角处贴上打包菜品一览，在实际应用这些提案时，据说达到了大量减少投诉的效果。因为这是基于工作现场经验的提案，所以作为防止操作错误的对策，具有很高的实效性。

据说某家连锁店将一批店长安排到邻近的优秀店店长处。虽然时间很短，让他们一起工作，目的是让他们从优秀的店长身上学习到"作为店长应具备的姿态"。

为了能够长期有效地减少投诉，提高服务水平，连锁店本部及全体经营层的干部们有必要认真对待且不惜花费时间来加强管理。

POINT

● 排名一、二位的投诉是没有说"欢迎光临"

在众多投诉中，排名第一或第二的投诉是当顾客进入店里时员工没有打招呼说"欢迎光临"。即便是员工忘记打招呼了，如果店铺全员充满活力，也非常有可能挽回店铺给顾客留下的减分的印象。

●如何长期有效地减少投诉

为了能够长期有效地减少投诉，将投诉事例在员工中共享，这种管理体制是不可或缺的。也有些连锁店在员工那里募集改善方案，以大量减少纠纷。这种管理体制的实施需要投入财力和人力，是在考验管理本部及经营管理层的决心。

暴怒的顾客说："让负责人给我打电话！"

为了在早期阶段解决纠纷，掌握事实和经过是不可或缺的

"开什么玩笑！你这个浑蛋！"……

发生了这样一次纠纷：有位顾客拿着商品券来到我们店，却无法用来支付，非常生气，将正在接待他的员工严厉地斥责了一通。那位顾客提前往店里打过电话询问商品券是否能够使用，过后才来到店里。然而，店里的员工却在顾客用商品券结算的时候，因为不知道如何操作收银机，对顾客说道："商品券无法使用。"

我们店采用先结账后提供商品的管理体制。顾客正在吃饭的时候，之前应对这位顾客的收银的员工向同事求教了顾客使用商品券时收银的操作方法。但在那之后还是出现了问题。这位员工向刚刚用现金结过账的顾客问道："您使用刚刚提到的商品券吗？"这句问话成了导火索，使顾客非常愤怒。

虽然员工向顾客赔礼道歉了，顾客却丢下一句"和你们说不明白，让总公司的负责人打电话给我"后，扬长而去。

事前仔细调查事情经过，仔细倾听投诉顾客说的话

这位顾客为什么坚持使用商品券呢？问过顾客之后才知道原来是因为顾客在来店之前，特意在现金券商店买了商品券。

其实这位顾客是连锁店的常客。这次来店的目的似乎是大量购入店铺限定的外带商品，作为中元节的礼物送给他的商业伙伴。因为如果在金券店买1万日元的商品券，就可以节省几百日元的现金，所以特意坐着电车来到了销售外卖商品的店铺。

特意来到店里，在付款时却被拒绝使用商品券，不得不用现金支付之后，又被告知"其实商品券可以使用"，所以特别愤怒。

在询问过顾客之后，公司对顾客特意购买商品券，并坐电车来店消费这件事表示非常感谢，顾客才宽恕地说道："今后还会到店消费的。"

关键在于顾客为什么愤怒，理解其发火的背景，并了解其发火的真正理由。

从这件事来看，这位顾客是从很远的地方赶来，要使用

商品券大量购物的店铺粉丝，却遭受了不合理的对待，这就是顾客发火的理由吧。这一点，如果不仔细地问顾客，是不会知道的。

另一方面，如果店长能够将店铺中发生的事实正确地传达给总公司，就能够在总公司处理纠纷的过程中发挥作用。当通过电话向顾客说明的时候，如果给顾客仅能大概地了解相关事实的印象，就无法让顾客仔细听取我方所说的话。

为了解决投诉，不可或缺的是事先听取店方当事人的叙述，尽可能多地提前掌握事情的经过。因为如果事实确认得不充分，造成言辞上准备得不充分，而说出"恐怕""大概""暂且"这样的话，会让顾客在心理上对店铺产生不信任感。

仔细倾听投诉的对方所说的话，准确地把握其发怒的重点在哪里，在这之上再向顾客表示抱歉，才能将纠纷向解决的方向推进。

此外，这次事例是由我方给顾客打电话，如果是由顾客打进电话且打的不是免费电话，我方判断通过电话应对可能需要花些时间后，请对顾客说由店方立刻把电话给打过去。仅是考虑到不浪费顾客的电话费这一点，也能够在相当程度上平息投诉顾客的怒火。

● 要仔细倾听止在发火的顾客的话

事先向员工确认事情的经过，然后仔细倾听顾客说的话。这样做，可以知道顾客发火的真正理由。

理解顾客发火的理由并表示道歉，可以将投诉向解决的方向推进。

● 应对投诉的电话，由店方回拨过去

当知道顾客打过来的电话内容是投诉的时候，如果由店方回拨过去，可以大幅提高平息对方愤怒的可能性。因为这样做，可以将店方周到的心情传达给顾客。

不断谩骂的顾客

为了平息顾客的怒火，应该做点什么呢？

顾客 A：“你们这些浑蛋，是在慢待顾客！”

店长：“顾客，您说的是不是有点过分啊。”

顾客 A：“你说什么？”

纠纷的起因是，店方忘记往外带商品袋里放商品了。同样一家店发生了两次没有放入顾客买的一部分商品的问题，毫无疑问是店方存在问题。

然而，即便不是反唇相讥，在电话中被顾客用非常激烈的言辞斥责过后，如果对顾客说能否用稍微缓和的语气说话，也无异于火上浇油。在那之后，顾客 A 的怒火就没有平息，在电话里持续谩骂了 30 分钟。最后说了句：“已经没什么好说的了。”挂断了电话。

仔细倾听顾客说的话，如果不行的话，就换人

电话应对投诉一般情况下以 30 分钟为限，如果超过了 30 分钟，要瞅准时机挂断电话……

这是某个餐饮连锁店的顾客投诉接待室的基本方针。的确，如果有 30 分钟时间，应该可以听完到投诉为止所发生事情的经过。

但这家连锁店改变了方针，意识到要增加人员费用和电话费等成本，尝试在打来投诉电话的顾客认同为止一直倾听顾客意见。这样做之后，包括针对商品等的一般询问电话在内，电话应对的平均时间达到了 1 小时。虽然每件投诉应对时间上升了两倍，却在很长时间没有接到投诉。

就这样收获了意外的效果。打来投诉电话的顾客满意度得到了提升。那么，为什么会知道这件事情呢？因为这家餐饮连锁店电话的最后一定会问一下："您以后还会光临我们店吗？"且记录了顾客明确回答"是"或"不"的比例，而这个数值得到了大幅的改善。

满意度得到提升的原因是仔细倾听顾客的话，这种姿态让电话另一头的顾客也感受到了。据说，这家餐饮连锁店的顾客投诉窗口的负责人向员工指示道，在应对投诉电话的时候，要意识到顾客说的话同我方员工所说的话的比率应该是 8：2。还指导员工在合适的时机进行附和。

当然有时候会被顾客说："你的态度太差了。""让负责人

出来！"像这种负责接电话的员工很难应对的情形也是有的。这种情况下，要迅速将电话换另一个人来接。即便应答的内容是一样的，如果接电话的人换了两人左右，当和第三个人说话的时候，顾客往往会放弃对店铺的无理要求。

此外，正因为表示了要仔细倾听顾客说话的姿态，由于不满意而多次打来电话的顾客人数减少了。

如果能够仔细倾听顾客意见，便能逐渐平复对方的心情。即便顾客用很激烈的言辞，也请试着在对方平静之前仔细倾听对方说的话。当怎么也不行的时候，只要换一个人来接电话就可以了。

★POINT

●仔细倾听顾客的话语，要随时附和

打来投诉电话的顾客，其实是想让接电话的对方知道自己为什么发火。因此，应该意识到，顾客说的话同作为倾听一方的直接接待顾客的员工所说话的比率应该是 8 : 2。一边倾听顾客所说的话，一边掌握好时机随时附和也是很重要的。

●替换应对投诉的员工

有时候也存在无论如何也无法让对方冷静下来听取我方的话语，无法将投诉解决的情况。在这种情况下，要立刻替

换应对投诉的员工。如果接着进行电话应对的是前者的上司的话，仅凭这一点，即便说的内容与之前一样，有时候也会让顾客认同我方所主张的内容。

将商品送达顾客处时，遭到训斥的员工

即使在店外，也要保持同在店内一样的紧张感，这是第一步

"即使你没有常识，也应该有个度！"……

前几天，接到了订餐的顾客打来的投诉电话。往顾客住处送餐的是一位20岁出头的男性员工。顾客拿出一张1万日元的纸币，准备接受找零，这位员工发现准备的零钱不够用，于是说："我去破下零钱，就回来。"收下了那一张1万日元，离开了顾客的房子。

那位员工本打算在顾客房子附近的弹子机房换钱，弹子机房的换钱机当然是为弹子机房的顾客提供服务的。这位员工穿着自家店的店服，非常扎眼。正要换钱的时候，被弹子房的员工喝止道："不要使用换钱机！"

结果，那位员工回到店里去准备找零，顾客对总也不回来的员工发了很大的火。

要明白送餐过程中的行动都被别人看在眼里

当收到顾客的付款而发觉找零不够的时候，先不要收取顾客的钱，回到店里去取找零才是正解。1万日元被员工带走，对于顾客来说，并非一件令人愉悦的事情。

在这次纠纷中，无疑还给弹子机房的人造成了困扰，穿着店里的店服到了配送目的地以外的地方，对于这种行为一定要慎之又慎。会给所有看到员工这样作为的人以"不努力工作而在玩耍"的印象。有时，员工在送餐时，从正在疾驰的卡车前方穿行而过，目击到这种危险驾驶的人也会打来训斥的电话。

送餐的员工之所以做出这样伤害到店铺"信用"的行为，是因为他并没有意识到"自己背负着维持店铺形象的责任，周围的人将自己视为店铺的代表"。

因此，在店铺的配送区域内（商圈内），应该抱有同顾客目所能及的店铺前厅及厨房一样的紧张度来行动，具备这种意识是很重要的。此外，因为很多配送员工都很喜欢摩托车，容易被加速飞驰的诱惑所驱使，所以有必要向他们耐心地传达安全驾驶的意义。

此外，对于配送的预约时间，如果实际配送时间可能延迟10分钟以上（如果可能，设定为5分钟以上），事先从店铺那里同顾客取得联络，可以缓和顾客对配送延迟的不满。这对于防止投诉也是有效果的。另一方面，需要注意的是，比预定时间提前 10 分钟以上送达的话，也可能成为投诉的原因。

对于配送延迟的投诉的处理方法，以前有的连锁店会带着歉意实施打折优惠等举措。然而，为了保证送达时间而焦急驾驶，容易引发交通事故，所以在一般情况下只是抱着诚意表示道歉，但并不实施打折等优惠举措。大多数顾客对这一点是认同的。

但是，在过后寄给顾客道歉信的时候，有的店会同时在信封里放入顾客在下次消费时可以使用的打折券。在表示店方诚意的同时，应该可以期待达到促进销售的效果。

在享受配送服务的顾客中，也有顾客在配达的时候说："菜品摆放太乱了。"要求重新制作，向员工提出类似这种强人所难的投诉。也就是说，无礼的投诉者也是存在的。对于这种不希望向其提供配送服务的顾客，要事先记下顾客的电话号码等，当接到电话时，经过店长的判断，对顾客说："因为我们无法向顾客提供能够让您满意的服务，所以无法接受您的配送请求。"像这样维护店铺和员工利益的处理方式也是很重要的。

★ *POINT*

● 要意识到配送区域等同店铺内

关于负责配送的员工违反交通规则等行为，经常会作为投诉内容反馈到连锁店的总部。在配送过程中，要意识到时常被顾客看在眼里，要抱有和在店内一样的紧张感行动。

●可以拒绝为不良投诉者提供配送服务

对于反复提出无理要求的不良投诉者，基于店长的判断，拒绝提供配送服务也是可以的。为此，事先记录好这种时常行为不当的顾客的电话号码是很有用的。

第 3 章

食物中毒？身体不舒服？

紧要时刻的处理方法

食物中毒的基本对策是什么？

理解发生食物中毒的原理。事先决定发生食物中毒时的
对策。

在处于竞争关系的附近的店铺中，有数十人患有食物中
毒导致的感染性胃肠炎。虽然不幸中的万幸是症状比较轻，
但感染源被锁定到一位员工身上，该店铺被卫生部门责令停
止营业数日。

不仅限于感染性胃肠炎，餐饮店在一年中时刻处于食物
中毒的危险中。哪些食物中毒的对策重点需要告知员工呢？

防止食物中毒的基本对策是彻底洗手。
但是，不存在完美的对策

首先，食物中毒导致的感染性胃肠炎在冬季多发，在夏
季可能性也非常高。所以不能疏忽大意。

非常遗憾的是，无论实施怎样的对策，有时发生食物中

毒还是无法避免。根据日本厚生劳动省（相当于中国卫生部）的数据，餐饮店中发生食物中毒的受害者人数，仅2015年就超过了22000人。仅从这个庞大的受害者人数来看，食物中毒绝非与己无关的事情。

作为针对食物中毒的对策，比较有名的是要严格遵循"预防食物中毒的3原则"。具体来说，对于细菌和病毒，要"不携带""不增加""彻底消灭"。"不携带"是要勤洗手；"不增加"是指食材要低温保存；"彻底消灭"是说食材及烹饪器具要进行加热处理。这些是最基本的。

相信大家都知道类似保持切菜板清洁等各种不得不做的事情，但特别需要全体员工遵守的是，要坚持勤洗手。烹饪、结账、清扫等，当一项操作结束时，一定要洗过手之后再进行下一项操作。

在大型餐饮连锁店中，擦手的时候并不是使用手帕和毛巾，而一般使用一次性纸巾或通过手烘干机。这是为了防止手从手帕或毛巾上沾到细菌、病毒。还有，请注意，如果用酒精消毒，不把手上的水分充分地擦干的话，残留的水分会阻碍杀菌，从而使杀菌效果大大降低。在烘干机中，也有具备杀死诺如病毒效果的烘干机。

此外，顾客（多见于儿童）呕吐的时候也要引起注意。如果这位顾客是诺如病毒携带者，那很有可能会传染周围的顾客和工作人员。

呕吐物上要撒上餐具专用的杀菌漂白剂，然后用一次性毛巾包裹扔进垃圾袋里。清理过程中需要穿上一次性的塑料围裙或戴上手套，以防衣服或身上沾染病毒。

在附近的竞争对手的店中发生的食物中毒，据说就是因为有大批顾客的订餐，而做了大量的盒饭。吃了盒饭的人中有20%～30%感染了诺如病毒。听说之后在这些顾客的家庭里，病毒进一步扩散，发生了二次感染。虽然防止发生食物中毒是理所应当的，但一旦发生了食物中毒事件，也要同时考虑如何进行金钱上的补偿。

作为对受害者金钱上的补偿，治疗费的实际费用、定期去医院看病、住院产生的误工费、慰问金等也应该被考虑到其中。负担金钱的范围根据各连锁店的不同而有所区别。虽然治疗费等实际费用由连锁店方承担，但慰问金要根据情况而定，不支付慰问金的情况并不少见。

此外，是否是食物中毒也要由医院或保健所来判断。用餐后即使只有一位顾客出现了身体不适的情况，也要立即联系保健所并遵从其指示。

POINT

● 要彻底地洗手

食物中毒最基本的对策是彻底地清洗手部。原则是在一项工作完成后一定要彻底地洗手，然后再进行下一项工作。

在大型连锁店擦手时不使用手帕或毛巾，而是使用一次性纸巾或手烘干机。

●慰问金不是必须支付的

作为对受害者的金钱上的补偿，普遍认为包括治疗时所花的实际费用、因看病或住院产生的误工补偿、慰问金等等。但是，是否支付慰问金是存在争议的问题。另外，比起金钱上的补偿，更应该优先考虑对受害者身体或心理上的关怀。

顾客投诉"肚子疼是吃了这家店的食物造成的"

首先要安抚顾客的情绪，然后劝其及时就诊

"这肉，难道不是生的吗？"……

前几天，有位男顾客一边给服务员看吃了一半的肉菜，一边这样质问。那位顾客因为肉的中心部分呈红色且不热，觉得可能是因为火候不够没熟，担心会对身体不好而进行了投诉。所以打工的店员对顾客进行了道歉，并返还了现金。

这家连锁店的肉类食品是在工厂完成加热处理的，在店里的厨房把冷冻状态的食品加热后提供给顾客。肉的横断面呈现红色是因为即使加热也会留下红色的部分。凉是因为烹调失误，加热时间不足。如果把这些告诉顾客，或许就不会给顾客带来任何不安了。

一个小时后，男顾客打来电话投诉肚子疼。由于十分担心是食物中毒，所以店方负担了初诊费用，并带顾客去医院做了检查。诊断的结果是腹痛原因不明，但第二天顾客身体

状况有了好转。

以理服人会起相反的效果
重要的是要有倾听的姿态和对顾客的关心

正如这次的案例一样，按照道理来说，虽然不可能发生腹痛或呕吐的现象，但顾客因为身体不适而投诉的事情并不少见。事实上，饭后1~2小时发生腹痛的食物中毒非常罕见。考虑引发腹痛另有原因，是比较妥当的处理方式。

疾病并不是精神作用产生的，但作为投诉的原因很多都是由于顾客有一种"认定"的想法。这次的腹痛也很有可能是顾客认定了"吃了生肉而导致腹痛"。

此外，投诉说吃了同样的饭菜，一家人同时发生腹痛或身体不适的例子也不少见。因为一家人同时身体欠佳，所以被怀疑不是个人的身体有问题，而是店里的食物引发了腹痛。但是一起寝食的一家人，在同一时期感染风寒的情况也很多见，也会有身体状况同时恶化的情况。这种情况下，顾客怀疑是"刚吃过的食物有问题"，于是向店家问询的案例也很引人注目。

但接到申诉自己身体不适的投诉电话时，用道理来说服对方会起相反的效果。首先，必须问顾客"您现在的身体状况怎么样啊"等关心顾客身体的话语，并且要倾听对方说的话。如果不这样做，会引来"那家店根本不关心顾客的身体状况"的投诉。

无论店家是否有错，在数量众多的店中偏偏选择了这家连锁店的顾客，吃过店里的食物后发生身体不适是事实。礼貌地听取顾客的陈述是理所当然的。

另外，劝说身体状况不佳的顾客去医院就诊，店家是否承担初次诊费，即使是大型餐饮连锁店，关于这件事如何处理也存在分歧。大致分为以下两种意见：一是如果明确了饭菜与腹痛之间确有因果关系，需要支付初诊费；另一种是即使没有明确的因果关系，也要支付初诊费。

话虽如此，即使是持有后者方针的大型餐饮连锁店，如果对方提出一些无理要求的话，也不会提倡负担初诊费。所以，还是具体情况具体分析。

据说很多顾客可以从店方的一句"请您去医院就医"的话语中感受到店方的诚意，从而让顾客放下悬着的心。

POINT

●餐后 1~2 小时后的腹痛和食物中毒的关系

餐后 1~2 小时之后发生腹痛的食物中毒的案例可以说是极其罕见的，并且很多是顾客自己的"主观臆想"。考虑引发腹痛另有原因，是比较妥当的实际处理方式。

●认真听取顾客说的话，给予其适当的安慰

在初期应对申诉身体不适的顾客时，重要的是认真听取对方的话，用"您身体没有大碍吧？"等担心顾客身体状况的语言进行询问。如果不这样做，会给顾客留下一种不关心顾客身体的冷漠的印象。

如果被投诉腹痛的顾客索要医疗费

是否赔偿根据方针而异，但不要忘记慰问顾客

"中午吃过炸牡蛎后，肚子疼了起来。"……

前几天，下午 3 点左右接到了顾客打来的关于身体不适的投诉电话。

如果是吃牡蛎后出现了腹痛，那么感染诺如病毒的可能性很大，如果本店是感染源，问题就严重了。但假设体内带有诺如病毒的牡蛎，在 85 摄氏度的高温下加热 90 秒以上，病毒就会被杀死（也称"不活化"），因此炸牡蛎基本上是安全的。

而且，诺如病毒从感染到发病要经过 24~48 小时，所以店长判断，本店和顾客的腹痛原本没有什么关系。

话虽如此，特意来到本店的顾客在就餐后出现了腹痛现象，这是事实。店长建议顾客去医院找医生诊断后，结束了这次通话。但如果顾客说"是你建议我去找医生的，所以医

疗费望你来支付"，是否有必要支付呢？

虽然建议顾客去医院就医，但并没有支付诊费的"义务"

目前食物中毒，绝大多数都是诺如病毒引起的。虽然冬季是发病的高峰期，但平常对食物中毒也不要放松警惕。

在某家大型餐饮连锁店，有个儿童在店内不明原因地呕吐，这时为了以防万一，不让其他顾客感染，暂时关闭了店铺。仔细进行了两个小时以上的清扫和杀菌。此外，甚至也有餐饮连锁店在冬季规定，禁止员工吃牡蛎之类的双壳贝类。

防止在店内发生食物中毒的第一步就是要掌握正确的知识。这一点，这家店长因为很好地掌握了有关诺如病毒的知识而能够冷静应对，并且能够为顾客着想，是很好的应对方式。

那么，让我们考虑一下是否应该支付诊费。出于安慰申诉腹痛的顾客，而建议顾客去医院检查，这种情况下店方是否支付诊费，在大型餐饮连锁店之间存在分歧。

除去顾客明显是无理取闹的情况，基本上有两种意见。一种是只支付初次诊费，另一种是只有在明确了就餐和身体不适之间有因果关系才支付。如果按照后者的方针，在因果关系还没明确之前，没有必要支付诊费。

但说自己肚子疼的顾客，即使店方没有过错，也会怀疑是店方的原因造成的，这一点也是事实。应对时要说"本店没有推卸责任的意思"，以求得顾客的理解，挽回信赖也是很重要的。

如果对方说"我躺了一会儿，但还是肚子疼"，我们应该说"您肚子疼的话，躺着休息也很难受吧"。一边重复对方说的话，一边关心顾客的身体状况，有意识地让会话继续进行下去。这样顾客会感到自己的话被重视了，从而对店家抱有信赖感。

最后，让我们确认一下为了预防食物中毒而需进行的操作吧。

首先，在厨房空间中，要充分地对器具、备品等进行清洗、杀菌，以及用水清洗之后使之干燥。

洗手也很重要。上完卫生间后自不必说，每当烹饪、收银、拆开纸箱等工作内容变换时，从指尖、指甲缝、手指到手腕都要仔细地洗 30 秒左右，并且重复清洗两遍，这些是最基本的要求。不仅对于在冬季高发的诺如病毒，对于病原性大肠杆菌、沙门氏菌、弯曲杆菌等在夏季因细菌增多导致的食物中毒也是很有效的对策。

●重要的是因果关系

尽管店家建议感到腹痛等身体不适的顾客去医院就诊，但如果顾客的腹痛与店里提供的饮食没有关系，店家就不需要支付就诊费。但也有一部分大型餐饮连锁店会为顾客考虑，代为支付初次就诊费。

●食物中毒对策=诺如病毒对策

根据日本厚生劳动省统计的数据，在不同原因导致的食物中毒患者中，由诺如病毒引起的食物中毒患者占了半数以上。由于对诺如病毒应对措施的通用性，该措施也适用于其他类型的食物中毒。食物中毒对策指南可以在日本全国的保健所及日本各都道府县负责卫生保健的部门的官方主页上获取。

东京都福祉保健局：

http://www.fukushihoken.metro.tokyo.jp/shokuhin/noro/manual.html

应该为声称身体不适的顾客支付医药费吗？

不要当机立断，交由负责人应对，减少判断失误

"我突然肚子疼。刚刚在你家店吃完饭，一定是店里饮食的问题！你们说怎么办吧？"……

店里接到一位顾客打来的投诉电话，他说在店里吃完饭后立即感到身体不舒服。那时，店长刚好不在，是打工的服务员接的电话。该服务员因为不知道应该如何处理，于是回答说："为了更好地处理问题，请给我们一点时间。稍后会由店长亲自联系您。"于是记下了那位顾客的名字和联系方式，并将这件事报告给了店长。

那位顾客接到店长打来电话的时候，为了治疗腹痛已经在药店买了药，因此希望店家可以支付药费。

向顾客详细地询问了事件的经过后，才知道这位顾客是在店里用餐 30 分钟后打来的电话。实际上，由于细菌或病毒侵入体内而引发的身体不适，并不会在如此短的时间内发生。

这种情况下，是否有必要支付医药费呢？

赔偿需要举证因果关系
不要忘记抱着安抚顾客的诚意

"为了能更好地解决您的问题，请给我们一点时间。"打工的男子向顾客进行了解释，并且确认了投诉顾客的联系方式。这样做是理想的应对方式。当员工接到自己不知应该如何处理的投诉时，切记不要当场勉强解决。应该告知顾客"这是很重要的事情，随后会有相关的负责人联系您"，避免当场下决定，并由经验丰富的负责人接手处理，这是应对投诉的基本要求。

那么，到底有没有必要支付顾客在药店买药所花的费用呢？从结论来看，并没有支付的必要。

投诉说腹痛的顾客，通常都会认为最后吃的饭菜是导致腹痛的原因。因此，容易有向最后就餐的饭店投诉的倾向。

但是，比如说，可以引起强烈腹痛的肠炎弧菌的潜伏时间为 10~24 小时，细菌或病毒进入体内到引起身体不适需要经历一段时间。在这个期间内顾客应该是已经吃过好几顿饭了，因此无法简单地判断究竟哪顿饭才是罪魁祸首。此外，也有因为顾客自身体弱，就餐后感到身体不适的可能性。

如果顾客要求店方对自己的身体不适进行经济上的补偿，则必须出示店方有责任的因果关系的证明。其证据也只能是出示医生开具的诊断书。如果没有医生的诊断书，即使顾客买了药，也无法证明因果关系，所以没有必要支付药费。

但是，顾客认为本店的饭菜导致其身体不适是事实，因此向顾客传达店方对其身体状况的关心与慰问之情，是十分重要的。"如果可以的话我们也想负担您的药费，但是并没有能够证明是本店食物所导致的证据，所以很抱歉我们无能为力。"只要以这种态度跟顾客沟通，顾客也会理解店方的立场。

并且，即使去医院看病也很少能确诊病因，如果是腹痛的话几乎都会被诊断为"急性胃肠炎"。一般到最后也无法查明病因。也就是说，如果无法证明自家店里的食物与顾客的腹痛有因果关系，就没有赔偿的义务。

但是，这些应对方式，各餐饮连锁店也会有所不同。因为事实是，来店就餐的顾客投诉说因为自家店的食物引起了身体不适，所以有部分餐饮连锁店，只要顾客有要求，也会负担初诊费。

这种情况下，认真听取顾客的赔偿要求，判断投诉内容是否属实，在详细调查之后再支付费用是最基本的原则。

● 不要当机立断

在接到投诉时，如果当场不知如何断定，要先确认顾客的联系方式，之后再由负责人进行应对。不着急下结论，可以减少判断失误的可能性。

● 赔偿需要证据

店方有义务赔偿顾客，仅限于顾客身体不适的原因在于店方这种情况。虽然医生开具的诊断书可以作为判断的依据，但实际上也有很多原因不明的情况。这时，关于是否负担初诊费，每家公司的见解会有不同。

在店门口店员与自行车发生碰撞事故

请警察勘察现场有助于顺利地进行协商

　　店员打开店门，将手推车推到人行步道时，与快速骑过的自行车发生了碰撞。骑自行车的男子摔倒在地，擦破了手肘并流了血，受了点轻伤，自行车的车筐也被撞扁了。

　　店员对这位男子说"咱们去医院吧!"，但那个男子说"我在上班的路上"，要离开现场。因此，店员留下了对方的姓名和联系方式，等男子的工作告一段落后，再由店长陪同去医院请医生检查。

　　幸运的是，男子并无大碍，店员松了一口气。

　　但是，由于本店的员工把手推车推到了人行步道上才导致了事故的发生。店长觉得有必要向男子支付治疗费、自行车的修理费及表示心意的慰问金。该怎样进行私下和解呢？

首先要报警
也不要忘记对受害者表示关心

谷易忽略的是，自行车在《道路交通法》上属于"轻型车辆"，原则上应该走车道。如遇特殊情况在人行步道上骑车时，应该靠车道侧缓慢行驶。所谓缓慢行驶，即能够马上停止的速度，所以在人行步道上飞快地骑行，从这一点来看，骑自行车的男子一方明显也有过错。没有确认周围的情况就将手推车推出到步道上的店员虽然有责任，但该男子有明显过失也是事实。按照过失相抵原则，作为慰问金支付的金额，与在很多企业中作为标准的无责任赔付的支付基准（请参照日本国土交通省官网上的"无责赔付保险的门户网站"）相比，即使支付相当有限的一笔金额也没关系。如果参加了保险，保险公司也会这样建议。

此外，发生交通事故的时候，基本原则是立刻报警，请警察勘察现场。无论是被害者还是肇事者，现场都会留下证据，协商也容易顺利进行。

原本也不是什么重伤，但也有不少因为着急去谈生意而等不到警察来的情况。这种情况下，应该先询问清楚对方的姓名和联系方式，然后告诉对方会请警察来勘察现场。对方也可能会很惊讶，说"没有必要叫警察吧？"，但发生了交通事故的话，报警是原则问题。遵守这个原则是企业应有的态度。

因为店方的过失，给对方造成了伤害和不愉快，警察也会进行各种问询。比如，必须去医院检查，必须向店方提供治疗费和交通费的明细等。虽然是不得已，但我们给对方带来了麻烦，同时也有很多需要对方配合的地方。

必须意识到的是，要对受到伤害的对方给予关心。通过陪对方去医院、打电话询问病情、看望等方式，来表达店方真诚的歉意。

另外，虽然这次男子只是受了轻伤，但也有对方受伤后留下后遗症的情况。某家店，在上班时间店员在店外一边看智能手机一边走路，结果撞到了过路的高龄老人，使其受到重伤。所以请一定注意"走路时不要三心二意"。

POINT

● 请警察勘察现场

如果发生了交通事故，要先报警，请警察来勘察现场。如果事故的受害者不能留在现场等待，那么应该问清楚对方的姓名和联系方式，并向其转达要请警察勘察现场。

● 向对方表达歉意

如果因为店方的过错导致了对方受伤，那么仅进行金钱的赔偿是不够的。应该通过陪同对方一起去医院就医，或者去医院探望等形式，来抚慰顾客心灵的创伤。

117

索要高额治疗费的顾客

金钱赔偿需要到何种程度呢？

员工在上菜时失手将盛汤汁的容器打翻、汤汁溅落，烫伤了一位女顾客。店长立即带女顾客去医院接受了检查，幸运的是她只受了轻伤，不会在肌肤上留下伤疤。

但那位女顾客在接受治疗前，曾严厉地责问店长："你们要如何承担责任？"内心不安的店长迫不得已回答："我们能做到的都会做。"

事后，这位女顾客打来索赔电话，要求店方支付包括消除伤疤等在内的大约 100 万日元的整形手术费用。索赔金额远远超出想象，店长对此感到很惊讶，回答说："店里无法支付那么大一笔钱。"但女顾客说"因为店长许诺过'能做的什么都做'，所以才手术的"，坚持要求店里支付费用。对此应该怎么处理呢？

对于无理的要求，没有必要遵守约定

即使店长承诺了"能做到的都会做"，对于无理的要求也没有必要兑现。

发生此类投诉时，在需要金钱补偿的情况下，法律依据取决于其行为是否符合《日本民法典》的"不法行为"（《日本民法典》第 709 条）。不法行为是指侵害他人权利、利益的行为。①有故意或过失行为，②发生损害的事件与故意、过失之间存在因果关系。是否属于不法行为取决于是否满足以上这两项"必要条件"。

首先，在此事件中，店员失手打翻了汤汁，毫无疑问存在过失。但从诊断上看，只是轻微的烫伤，不会留下疤痕，所以只需要少许诊疗费。很明显，过失与整形手术之间并无因果关系。既然没有因果关系，也就没有必要支付"消除烫伤疤痕的整形手术费"。

虽然店长承诺了"能做到的都会做"，但是"能做到的都会做"这句话，从常识角度考虑应该是"做合法范围内的事情"。

在这个案例中，被女顾客强烈地指责而陷入慌乱的店长，在当时的情况下，只能先应付说"能做到的都会做"。因为对于具体应该做哪些事情双方并没有达成共识，所以从这个意义上讲，没有必要支付整形手术费。

但是，原本在交涉的初始阶段，关于烫伤的治疗费，店长应该向顾客转达店方能够支付什么费用，事先问一下对方正在考虑的治疗方案。在这个基础上，事先告知对方，我方只能支付对方所预想的一部分治疗费用。

并且，像这种涉及高额费用的案例，极有可能演变成诉讼案件。交涉的内容要以 5W1H——"何时""何人""何地"等的形式详细记录下来。另外，在日本民事诉讼中允许将对话录音资料作为证据。对谈话内容进行录音时，并不需要特意得到对方的同意。

★
POINT

● **"只要我能做到的什么都会做"这句话也是有限度的**

在赔礼道歉时，就算说了"只要我能做到的什么都会做"这句话，也无须答应对方的无理要求。所谓"只要我能做到的什么都会做"，一般是"做法律规定范围内的事情"的意思。

● **尽早掌握对方的治疗方案**

尽可能在早期阶段，掌握对方的治疗方案，事先告知对方作为店方能够支付什么费用，减少不必要的纠纷。例如，往返医院的费用，是只承担电车费还是连同出租车费用一起承担，这两种方式所产生的费用是有很大不同的。

投诉烫伤的顾客拒绝透露姓名

拒绝提供个人信息时很有可能是恶性投诉者

"我的嗓子被烫伤了。你们怎么处理？"……

前几天，有位男顾客对店员说"我要吃药，需要一杯白开水"。店员端了杯白开水给他。但男顾客把药含在嘴里喝水时突然大喊："嗓了眼很烫！被严重烫伤了！"

考虑到吃药的时候如果太烫，吃药会很费劲，店员已经将开水凉至 50 摄氏度左右。这种温度根本不会造成烫伤。尽管如此，当店员对该男子被烫伤一事感到疑惑时，该男子却在众目睽睽下报了警。

当然，因为警察不介入民事纠纷，警察没有受理此事，但该男子依然纠缠不休。

虽然店方承诺负担费用并请该男子到医院检查，但该男子不知为何拒绝透露自己的姓名。他当场提出要自己先垫付，之后再跟店方索要治疗费。

在解决纠纷时不要跟拒绝提供自己个人信息的顾客继续交涉

企业在给第三方支付费用时，必须掌握对方的姓名和联系方式，这可以说是作为社会人，尽人皆知的常识。

尽管如此，考虑到拒绝提供必要个人信息这件事，应该是那位男顾客不想让他人知道自己的个人信息而另有隐情吧。这不得不让人怀疑，那位男顾客在各种店铺里都发生过类似的纠纷，然后向店方索要金钱赔偿，他极有可能是恶性投诉者。不肯提供姓名和联系方式，是因为他知道这是非法行为，担心如果身份被锁定，他做的坏事也会被公之于众。

关于这次纠纷，如果对今后展开预测，可以设想到顾客会以烫伤为理由索求高额的误工费和抚慰金。

按照本公司的规定，对于投诉因在店内用餐而产生身体不适的顾客，原则上承担初诊费。虽然支付初诊费没有问题，但在顾客没有提供姓名、联系方式和诊断结果的前提下，我们没必要给其报销。此外，因为没有证据能够证明是店方的过失，所以当然没有必要考虑支付误工费和抚慰金。

引起过这样骚乱的人物，今后有可能会再次造访本店闹事说"给钱！"。这种情况下，要告知他："您这种做法会给其他顾客带来麻烦，请您不要再来打扰了"，并请他离开。如果他还继续在店里闹事，当感觉到有可能会危害到员工和顾客时，毫不犹豫地拨打110报警十分重要。

此外，当与投诉者在店内对峙时，为了防止对方使用暴力，请与对方保持 1.5 米以上的距离。还有，即使对方是一个人，店方也要派两人以上应对，店方面对这种事件时保持精神上的从容也十分重要。

这次是只要对方连姓名和联系方式都不提供就没必要和他商谈的案例，但今后如果为了解决投诉，被对方要求在店外商谈，而又不得不去的情况下，要点是作为商谈的场所，要由店方指定咖啡厅等有第三方在场的安全场所。如果是在便利店的停车场或站前的广场、十字路口等地点会面，会有可能被迫坐上投诉者的车，被带到有好几个对方的朋友等待的场所。有这种被迫与其进行交涉的可能，请避免这种风险。

POINT

● 不说出姓名的对方很有可能是恶意投诉者

既然是顾客要求的不可能当场解决的重大索赔，顾客又不肯说出解决时必需的姓名和联系方式等个人信息，这种情况下极有可能是恶意的投诉者，必须注意。

● 恶意投诉者再来骚扰时

在恶意投诉者再次来店骚扰的情况下，可以要求他离店并禁止其再次入店。根据情况，也可以选择报警。

顾客吃肉菜时骨头扎入了喉咙，饭店被追究责任

"常识外的行为" 应该如何应对？

前几日，一位男顾客在吃自己点的带骨头的肉菜时，骨头扎入了喉咙。然后在医院进行了手术，取出了骨头。

但事后，那位男顾客投诉说"骨头之所以会扎入喉咙是因为店家没有提醒说'不能吃骨头'。请你们支付我的手术费和住院期间的误工费"。

顾客连骨头都吃，所以口腔很有可能会受伤。但店方没有提醒顾客注意食用骨头会产生危险，所以那位男顾客认为责任在店方。

因为本店的料理给顾客造成这么大的麻烦，店方也觉得十分遗憾，但店方并不认为负有那么大的责任。虽然店方把想法跟顾客做了解释，但根本得不到理解，所以就告知顾客"无法赔钱"，终止了之后的应对。

对于不合常理的行为，店方不承担责任

动物的骨头本来就是不能吃的，这是众所周知的"常识"。所以不能说是店方疏忽大意没有提醒顾客注意，也没有必要支付治疗费。

顺便提一下，刚被端上来的料理的铁板当然很烫，由于顾客自己不注意碰到而被烫伤，这种情况一般店方不负任何责任。但另一方面，在类似于生鱼片拼盘这种理应没有鱼刺的菜品中，因为残留了鱼刺而使顾客的口腔受伤，这种情况下店方有必要进行相应的道歉及赔偿。

总之，对于店方有责任还是无责任的重要的判断基准，就是我们所说的"社会常识"。

话虽如此，必须注意的是这个常识本身也在不断地变化着。

例如，顾客在店内跌倒受伤的时候，以前只会认为是那位顾客自己不小心，几乎不会去追究店方的责任。但是最近，在法院的判决中追究店方责任的案例增加了。因此，地板被雨水淋湿或因为刚涂了蜡打滑的时候，越来越多的饭店都会准备提示板，提醒顾客注意脚下。

但是，像这次的案例，对于不容分说地指责饭店单方面不好的顾客，用"常识"来说服他很难。最终，没能取得顾客的谅解也是没有办法的事情，需要干脆地拒绝支付治疗费的场合也并不少见。

为此，提高圆满地解决问题的可能性的诀窍在于对投诉顾客最初的应对。

例如，对于就餐后投诉腹痛等主张商品有缺陷的顾客，一开始就要用带有本店的商品给顾客带来了不安的语气，向顾客表达"让您担心了，实在很抱歉"。这句简短的话，有让顾客冷静下来的效果。

劝说身体不适的顾客去医院检查是理所应当的，但如果顾客问"能给我支付治疗费吗"，就请回答"如果明确了是本店的原因造成，当然会支付"。

其中，也会有人说"因为是店方劝说去医院检查的，所以店方就要支付治疗费"。没有必要在意这种言辞。当然，如果和腹痛的发生有因果关系，就有必要支付医疗费；如果不是，就没有必要支付。这可以说也是一种"常识"。

★POINT

●判断的标准是"社会常识"

发生投诉时，判断店方是否有问题的标准是"社会常识"。带骨头的肉菜，骨头是不能吃的，这是"常识"，如果说因为顾客吃骨头而受伤，店方就没有过失。

●通过最初的应对表达对顾客的关心

　　能够消除投诉顾客的不满基本由最初的应对方式决定。如果是投诉身体不适的顾客，要用带有本店的商品给顾客带来了不安的语气，向顾客表达"让您担心了，实在很抱歉"。不要逃避责任，一定要表现出倾听对方意见的姿态。

第4章

弄脏了衣服！混入了异物？

不增加顾客愤怒的应对和补偿

"饭菜里混进了塑料片"

减少因混入异物而引发的纠纷的方法

"饭菜中有像塑料一样的东西。能调查一下那是什么吗?"……

前几天，接到一位在店里用餐的男性顾客的投诉，指责饭菜里混进了异物。

因为店长不在，一位担任该时间段负责人的经验丰富的女员工应对了这起投诉。她看了看那个小小的塑料片，立刻发现那是食材的塑料包装的一部分。在烹饪时那个塑料片不小心混入了饭菜当中。

于是女员工先回到厨房，取出了被塑料捆扎的食材。并且一边给男顾客看，一边详细地解释了混进塑料的原因。于是，虽然被男顾客批评说"下次请一定要注意"，但好在取得了顾客对异物起因的谅解。

接到关于这次投诉从发生到解决的一连串的报告后，我再次感受到，思忖顾客的心情，使事件发生转机是多么重要。

为减少投诉需要掌握店铺各业务的正确知识

体察顾客的心情，抢先一步行动，这对服务业来说非常重要。我认为对于店里的各种业务都具备正确的知识是很重要的。在这次的事件中也是如此，如果没有见过捆扎食材的塑料，也就不能发现这一点。

待客时的言谈，或是对于顾客心理的理解程度，会影响应对投诉的成败。

例如，有员工向顾客道歉时说"对不起"，但是对于很清楚日语敬语使用方法的顾客来说，会被理解成员工不够重视现在的事态。有时还会引发再次投诉。如果能够用"真的非常抱歉"这样的表达方式，就会降低事态恶化的可能性。

也时常有让顾客久等而发生的投诉。这种情况下，需要根据操作状况预测一下上菜所需花费的时间，点餐时告诉顾客："大概需要等 10 分钟左右，可以吗?"事先给出一个大致时间，就可以防患于未然了。

容易发生顾客因等待时间过长而产生的投诉，往往不是在就餐高峰期，而是在顾客较少的"空闲时间段"。因为没有像高峰期一样做好马上就能上菜的准备，故而在上菜前会花费一些时间。另一方面，顾客并不了解店里的情况，认为店里顾客少，上菜应该很快，所以容易感到焦躁。

如果知道顾客的这种心理，在可能需要花些时间的时候，就能够有告知顾客上餐时间的意识，之后判断会超出预计时间的话，也要随机应变地马上通知顾客。

此外，在大型连锁餐饮店，通过分析既往的纠纷案例，得到结论，尽量不在店内使用容易混入异物的烹饪工具。

例如，洗盘子时禁止使用金属刷帚，要使用海绵洗碗布。金属刷帚虽然去污效果很好，但一旦老化后会有小金属片脱落，增加异物混入菜肴的危险性。

忽略烹饪工具和备品的老化，容易发生因混入异物而导致的纠纷，所以要指导员工定期检查和更换。但是，要注意一点，有的人会因为觉得还能用而继续使用。强行使用的结果是，如果发生异物混入的事件，会给顾客带来很大的麻烦。比起削减眼前的成本，还有更为重要的事情，这一点一定要让工作在　线的员工们知晓，所以相关的培训教育是必不可少的。

★ POINT

●知识能够减少投诉

对于店铺中的各种各样的业务内容的了解和道歉时的措辞，以及把握"被迫等待的顾客为何会生气"等顾客心理，具备正确的知识会对减少投诉起很大作用。

●节约不一定是正确的

烹饪器具和备用物品的老化也会成为异物混入的原因。定期检查与更换十分重要。比起削减眼前的成本开支，不给顾客平添麻烦更为重要。

"买的便当里有蜘蛛"

比调查原因更重要的事情

有位女性顾客向店里投诉，说在午餐时间销售的便当里发现只小蜘蛛。据说小孩在家里正准备吃便当时发现了蜘蛛，当场吓哭了。

顾客认为"便当中有只小蜘蛛，所以店家是有责任的"，但现在我们并不清楚蜘蛛是制作过程中混入的，还是在顾客家里混入的。首先，我认为有必要弄清楚原因。

所以，我征求顾客意见，可不可以回收有问题的便当，确认是不是在制作过程中混入了蜘蛛。于是，顾客不知为何生气了，说"和你没什么好讲的，我想和总店的负责人谈"，然后挂断了电话。

听说后来，顾客给总店打了投诉电话，接受了本公司的解释，同意回收便当。那么店铺的应对究竟哪里出问题了呢？

最开始先向顾客表达歉意，通过表示同感直面问题的解决

大型连锁店如果发生了混入异物的事件，有必要调查原因，看原因是在顾客一方还是在店方，或者在加工食材的工厂。如果是在工厂混入了异物，那么受害的涉及面很可能会很大，应该尽快采取应对措施。所以，对回收实物进行分析，从危机管理的角度来看也是不可欠缺的环节。

从这一点来看，这次采取的应对方式是正确的，但有一个致命的错误。就是在最初联络的时候，没有说对顾客表示关心的语言。应该首先表达"让您担心了，十分抱歉"。

在不清楚店方是否真的有过错的情况下就表示道歉的话，很可能会被认为是承认了事故的责任。由于担心这一点，店方在说话时就会小心谨慎，以防被对方抓住把柄。然而这种担心是不需要的。因为这种情况下的道歉，是本店对给顾客造成了不愉快而道歉，并非承认店方的过失。

如果被对方追究"你承认了责任，赶紧给我金钱赔偿"，那么只需谨记，回复"现在无法当场决定，请让我们商量一下"就可以了。日后，依照公司的方针，告知顾客如何进行道歉和赔偿，超出规定范围的要求无法满足，这样处理就可以了。

那么，这次那位顾客的情况，重点在于"看见了蜘蛛，孩子哭的不得了"这一部分。认真倾听其所说 20～30 分钟

后，对给对方造成不安这件事进行道歉，然后在获得顾客的同意后回收有问题的便当。

应对投诉的根本是耐心、认真地听取对方的讲话，并且对于对方最想向店方传递的部分表示感同身受。秘诀就是有意识地回应对方的话。如果对方说"吃了你们店的饭菜肚子疼"，那么就试着这样回应对方"您肚子疼啊？肚子疼的话即使休息了也一定不好受吧"。

如果自己身处同样的处境也一定会同样难受吧，向对方表达这种心情十分重要。比如，由于点菜操作失误，忘记给顾客上菜，让顾客等待了很长时间。这种情况下要向对方表达"如果自己也处于同样立场，会感觉等待的时间多么漫长啊，真是万分抱歉"。通过表示同感，才能获得顾客的信赖。进而使纠纷朝着解决的方向发展。

★ POINT

●道歉并不等同于承认店方有责任

发生投诉时，即使向对方表达"让您担心了"或"实在很抱歉"之类的话，也不等同于完全承认责任在于店方。

●通过向对方表示同感能使事态好转

解决投诉问题时，通过对顾客的不满或愤怒表示同感，能够获得对方的信任，这一点是不可或缺的。秘诀是要有意识地回应对方的话。如果自己身处同样的处境也一定会同样难受吧，向对方表达这种心情十分重要。

"饭菜中混入了昆虫的腿"

如何掌握冷静应对投诉的方法

"这个，难道不是昆虫的腿吗？"……

前几天，店里接到了某位顾客的投诉，说菜里混进了异物。应对投诉的是一名兼职的学生，一般来说，应对这种少见的投诉是有难度的。

但是，那名员工先是对顾客的身体状况表示了关心，然后对于给顾客造成的不愉快进行了道歉。并且提议让顾客选择是重做一份菜品还是退还餐费。最后，应顾客要求重新做了一份菜品。

并且，员工提议让当时不在的店长也向顾客致歉。询问顾客联络方式时，顾客以"不必那样做"为由婉言拒绝了。那名员工在顾客回去的时候，再次向顾客表达了歉意。

那名兼职的学生之所以能够妥当地处理投诉，是店铺定期开展进行扮演员工和顾客角色演练的成果。我再一次深切地感受到这种训练的重要性。

角色扮演训练有益于处理投诉

在接到食物中混入异物的投诉时，因为顾客看到饭菜中的异物极有可能很不舒服，所以理论上应首先对顾客的身体状况表示关心。但是，即使在员工培训时是这样教的，在实际面对纠纷时，因为紧张，经常会有员工还是应对得不得当。

因此，进行分角色扮演训练，对于员工能冷静地处理投诉非常有效。以混入异物的投诉为主题，通过实际操作演练，一旦真正遇到突发状况时，员工就能够将对顾客的关心放在最优先的位置。一部分大型餐饮连锁店已经在开展定期训练，并收到了成效。

此外，顾客觉得这家店脏乱的时候，容易发生异物混入的投诉。例如，在菜中发现类似于头发的东西。如果是一家整洁干净的饭店，会让顾客觉得是自己哪里看错了。如果是脏乱的店会让顾客怀疑一定是员工的头发掉进了菜里。

那么，怎样做才能让顾客认为是一家干净整洁的饭店呢？

其中最重要的一点就是卫生间。因为如果卫生间给人印象干净，就会让顾客对整家店抱有好感。因此，有的连锁店将清扫卫生间的频率从每 2 小时 1 次增加到每 1 小时 1 次。

如果是以前，在现场发现混入了异物，即便告知分店要保管好实物并向总部汇报此事，有时也很难被彻底执行。但现在已经能够快速地跟总部取得联系。现场也会建议总部，从工厂运送来的原材料中混入了一个异物，为了以防万一，所有店铺应当暂停销售使用了这种原材料的商品。

因混入异物而感到不安的顾客，有时会要求看到查明异物真实面貌的报告书，针对这种情况的应对方法也在发生改变。以前有过避免把报告书以书面的形式交给对方或给对方出示的倾向。因为如果将书面形式的异物报告书交给顾客，会担心对方将之在 SNS（社交网络服务）上公开，造成谣言扩散的恶劣影响。

因此最近，将委托外部调查公司做出的调查结果等以书面形式交给顾客或让顾客看一下的连锁店在日益增多。因为让担心异物对身体有害的顾客看到书面材料，并且基于材料进行有理有据的说明，顾客会感到安心。

★ POINT

● 日常训练对于处理投诉也有帮助

当被指责食物中混入了异物时，为了能够冷静地应对，平素的训练必不可少。定期通过角色扮演的方式反复进行混入异物时的应对训练，能够让员工掌握正确的应对方法。

●决定顾客对饭店印象的是卫生间

减少异物混入投诉的要点之一是，切勿让顾客认为本店不干净。而最能够左右顾客对店铺印象的是卫生间。彻底清扫卫生间与减少投诉有着直接关系。

食材的一部分被误认为异物

不惹恼顾客的解释方法

"菜里混进了假指甲。怎么会有这种东西混进去？给我好好查一下！"……

前些日子，店里收到了来自一位中老年男性顾客的投诉。受理投诉的员工是一位有经验的老员工，对食材也非常了解。他当场确认了异物后，直接告诉顾客："这并不是假指甲，而是鱼鳞。"但顾客听了，非但没有安心，反而生气地说："你都没有好好调查，凭什么说这不是假指甲？叫你们负责人过来！"

店长注意到纠纷后赶了过来，并就员工的应对致歉，才总算让顾客平息了怒火。

但是，被训斥的那名员工，显出一副无法理解顾客为何发火的表情。因此，店长告诉他，在没有确认异物究竟是什么东西的情况下，就立即做出回答，有时也会有损顾客的面子，员工对这种意想不到的投诉顾客的心理感到很惊讶。

不能吃的东西对顾客来说就是"异物"。
要通过认真解释取得顾客的理解

　　牛或鸡的骨头、鱼刺，因磕碰或烙印而部分变色的肉、虾的尾巴及这次的鱼鳞。这些来源于食材本身，却又不应该被加工成饭菜的掺杂物叫作"夹杂物"。

　　与通常被当作异物的体毛或塑料片等不同，对待夹杂物的难点在于，它原本是食材的一部分。因此，对于在餐饮店工作且熟悉食材的员工来说，或多或少有种饭菜里偶尔出现夹杂物也是"无可奈何"的意识。

　　对于一部分顾客来说，自己不能吃的东西全是"异物"，所以会进行投诉。

　　需要注意的是，由于这种意识上的偏差，有可能产生意想不到的麻烦。比如，为了降低成本，使用混入夹杂物风险高的食材的话，就应该意识到这样做会有降低顾客满意度的风险。

　　另外，比起断定本不应该混入的异物的真面目，区别作为食材的一部分的夹杂物，对于有经验的员工来说是很简单的事情。但是，当场做出与顾客主张相反的结论，可能会有损对方的面子。

　　因此，在大多数连锁店，受到顾客有异物混入的指责时，即使确定是夹杂物，也要暂且把异物带回厨房之类的地方，不要当场做出回答。由店长或时间段负责人再次向顾客解释异物就是夹杂物，并对因此给顾客造成的不愉快道歉。在此基础上，对顾客解释，即使没注意不小心吃了，对身体也没有害处，如果顾客要求就重做一份。

店长或时间段负责人在向顾客进行说明时，要向顾客表达店方的诚意。

顺便说一下，如果菜品中使用了切细的大头菜丝，有时会被误认为是方便筷子前端剥落的部分，豆芽菜的须子焦糊了会被误认为是昆虫的腿，而被投诉。

为了防止这种类型的纠纷发生，最有效的方法就是将所谓的 QSC（品质、服务、洁净）贯彻到底。如果店方和顾客之间失去了信赖关系，那么平时不会被看作异物的东西也会被顾客误认为是异物了。

为了减少混入异物的风险，为了取得顾客对店铺的信任，关键是用认真与良好的态度为顾客服务。

POINT

●不能让顾客丢面子

顾客指出菜中混入了异物，即使马上就判断出异物是什么，也不应该当场回答。因为与对方的主张不同有可能会让对方没面子。诀窍是先忍住想说的话，由店铺的负责人再一次向顾客解释。

●贯彻 QSC 也是一种应对混入异物的对策

"把烧焦的豆芽菜的须子看成昆虫的腿"，要想减少顾客把不是异物的东西误认为异物的纠纷，就要彻底贯彻 QSC，平时努力构筑顾客与店铺之间的信赖关系。

"饭菜里有石头"

对于常见的有关"牙齿的纠纷"该如何处理？

"菜里有石头。这很危险要注意！"……

前几天，我们受到了前来用餐的顾客严厉的批评。顾客投诉说用餐时感到口中有坚硬的东西，吐出来一看是"石头"。

有顾客投诉食物里有异物混入，如果从顾客手中取得了异物，大型餐饮连锁店的重要原则是确定异物到底是什么。这是为了防止大规模的事故发生。因此，除了为给顾客带来的不愉快诚恳地道歉，还要保管"石头"，答应顾客调查清楚"石头"的混入原因并向其汇报。

委托专业的调查公司进行了调查，报告结果显示"是用于治疗蛀牙而使用的牙齿的填充物的可能性很高"。也就是说，就餐时顾客牙齿的填充物脱落下来了。面对顾客，店方并没有追究这到底是谁的牙齿填充物，只是告诉顾客调查结果，结果顾客仅说了句"以后要注意"，并没要求进一步的处理。这样的处理合适吗？

牙齿的填充物脱落被误认为是异物的案件十分常见

用餐时，顾客自己的治疗蛀牙使用的牙齿填充物脱落，进而被顾客误认为是菜里混入了异物，由此引发的投诉并不少见。

不过，因为自己的牙有缺损，所以大多数顾客都会中途发现这一点。但在这次的事件中，最初顾客狠狠地斥责了店长，所以很难承认是自己弄错了。

虽然这次并非店家的原因造成了异物混入，但要注意的是，顾客吃到连在肉上的小碎骨或肉质较硬的部分，造成顾客牙齿缺损的纠纷。由于没有及时治疗蛀牙而恶化的牙齿，就餐时仅仅是碰到坚硬的东西也会发生缺损。

虽然有很多店方不得不承担费用的情况，但本应该安装假牙就可以结束治疗，这时顾客却提出要求说"我想要植入种植牙，希望你们承担费用"。这种情况下没有必要答应对方的要求。请谨记一点，只有到恢复成原来的状态即"恢复原状"为止，店方才在金钱方面负有责任。顺便说一下，如果是恢复到原状，使用面向餐饮店的保险，几乎可以覆盖整个赔偿部分。

并且，为了减少塑料或玻璃碎片等异物混入饭菜的可能性，后厨员工的意识改革也很重要。

比如，某个厨房用具坏了或破损的时候，并不能以为换了这个器具问题就解决了，就可以放心了。因为什么东西坏了或破损了，意味着破损的部分有可能混进了饭菜当中。

实际上，在某家店里，因饭菜中混入了包装食材的塑料的一部分产生了纠纷。因为在食材尚未解冻的状态下强行撕下塑料薄膜，导致薄膜破损残留在了食材上。看见破了一个洞的塑料薄膜时，如果思考一下破碎的部分究竟在哪，纠纷也许就可以避免。

还有，发生这种混入异物的投诉时，认真听取顾客的话是很重要的。顾客是想要店方重新做一份同样的饭菜呢，还是觉得同样的饭菜会影响心情而想要一份别的饭菜呢，又或者想要离开并要求退钱（先支付的情况）呢？请理解顾客的心情。对于想要离开的顾客，如果店方提出重做一份饭菜，只会更加影响顾客的心情。

另外，关于退款的提议，应先认真倾听顾客的话，在向顾客道歉后再提出。

POINT

●为了减少异物混入

为减少厨房内异物混入菜肴的风险，诀窍是当某些器具发生破损时，不能仅对这些破损的器具进行修理或更换。一定要确认食物中是否混入了破损的碎片或零部件。

●当顾客说牙齿有缺损时

顾客在用餐时自己的牙齿发生缺损的事件并不少见。虽然应该根据实际情况承担牙齿的治疗费用，但原则上只需承担恢复其原状所需的金额。需安装假牙的情况下，就没有必要承担植牙的费用。

一旦发生了异物混入

首先要道歉，然后由顾客选择解决办法

"刚才吃饭时听见嘴里'咯噔'一声，吐出来一看，竟然是一块像人的牙齿一样的东西。这到底是怎么一回事?!"

前几天，店员受到了一位中老年男性顾客的严厉训斥。店方对于给顾客造成的不愉快向他道了歉，并且退了餐费，还回收了那个异物。同时，还向顾客承诺，一旦知晓异物是什么，第一时间通知顾客。

经由总公司委托专业的调查公司进行调查后得知那个异物"并不是人的牙齿，而是植牙的一部分"。因此，慎重起见，我们对公司的员工是否使用植牙及植牙是否发生缺损一事进行了问询调查，但无人符合。最终也没搞明白异物是如何混入的。

于是，把异物是植入牙的一部分这个调查结果向顾客做了解释，对于不能确定混入的途径表示了道歉。听了我们的

解释后，原本那么愤怒的顾客竟然一句斥责的话都没有，我们反而感到困惑。

植入的牙齿或牙齿里的填充物在就餐时脱落，也存在本人没察觉到的情况

在就餐时顾客牙齿里的填充物脱落，或是植牙发生破损，使顾客误以为食物中混入了异物，导致投诉的情况时有发生。填充物等东西里因为没有神经连接，所以即便脱落顾客也很难察觉。虽然在自己没有察觉的情况下，被自己口中出现的异物惊吓到而斥责店员，但后来发觉是自己的牙齿有缺损，而感到尴尬的顾客并不在少数。

我想这次的顾客也是一样，在投诉后，发觉那个"像人的牙齿一样的东西"正是自己植牙的一部分。但事已至此，他很难说出口"这是我自己的植牙"，只能听了报告后结束了对话。

顺带说一句，也有就餐时顾客的牙齿折断或脱落的纠纷发生。因为有人因蛀牙容易引起牙齿折断，有人受糖尿病的影响牙齿也容易脱落。

在这次的纠纷中，店长处理得十分妥当，但发生异物混入的纠纷时是有原则可循的。首先，对于给顾客造成的不愉快要真诚地道歉。在这之后，应由顾客选择是店里再上一份同样的菜品还是返还餐费。

某餐饮企业对在自己公司过去发生的混入异物的纠纷进

行了调查，调查内容是"重做"与"退钱"哪种办法更能顺利地解决问题。结果很明显，"退钱"让纠纷变得棘手的可能性更低。当然，要以顾客的意愿为优先，如果顾客犹豫不决的话，提议"退钱"总是没错的。

但是，当受到混入异物的指责时，真诚地道歉是最为优先的。如果不按程序来，一上来就提出退钱之类的解决方案，会被认为没有反省的诚意，这也是产生新投诉的原因。

顾客指责的异物，店方要回收、保管，并调查原因。如果顾客要求，要报告调查结果，原因无法查明时也要如实转达，并进行道歉。

最近，虽然也有在 SNS（社交网络服务）上投诉有异物混入、发表不满的顾客，但店方不能在 SNS 上反驳或请顾客删除投稿。因为这会让看到店方投稿的第三者产生不好的印象。要通过邮件等跟顾客取得联系，并创造通过电话直接对话的机会。投诉顾客可能会在 SNS 上批评店方的回应，但对于看到的第三者来说，这样的做法会向他们传达店方解决问题的诚意。

POINT

●经常发生有关"牙齿"的纠纷

顾客就餐时有时会出现自己的牙齿填充物或植牙脱落、

蛀牙等比较弱的牙齿发生缺损的情况。即使不是店方的错，只要知道这种纠纷时有发生，也就能够冷静沉着地应对了。

●回收异物，调查混入途径

店方要回收异物，并调查混入的途径。如果顾客要求，要向顾客报告调查结果，即使无法查明异物究竟是什么，也要有在所知范围内向顾客传达事实的姿态，这样做可以显示企业方的诚意。

被顾客问到"食物中混入异物这件事，不向媒体公布吗？"时

告知顾客"会向保健所汇报"，可以消除其不安

"饭菜上有只虫子！"……

几天前，我们收到一封附带照片的邮件，是一位购买外卖商品的顾客发来的。那张照片确实显示饭菜上有个像虫子似的黑色物体，所以我们立即跟顾客取得联系回收了饭菜。

经过总公司质量管理部门的分析，弄明白异物并不是什么虫子，而是纤维毛球。所幸异物只是附着在饭菜的表面，所以几乎没有从商品的生产线或厨房混入的可能性。此外，这是在顾客把商品带回家后才发现的，所以判断异物在自家混入的可能性较高。

但是，我们不能告诉顾客是在自家异物混入的可能性很高。向顾客表达了"我们在努力彻底清扫厨房，杜绝再次发生此类事件"后，马上被问道："异物混入到饭菜中，难道不向媒体公布这件事吗？"对这种意想不到的质问，我们不知如

何回答。在今后的应对中该如何表达呢？

不需要对外公布，但为了消除不安要告知顾客"会向保健所报告"

就结论而言，没有必要向媒体公布。请告知顾客，要向保健所汇报，说明事件的经过，并会采取措施防止再次发生类似事件。

在混入异物的纠纷中，最后也没有查明原因的情况并不少见。虽说如此，但"什么也不做"也是不行的。一般要告知顾客店里防止再次发生类似事件而做的努力，比如要比以前更彻底地去除衣服上的灰尘等，努力不使异物从员工的衣服上混入等。几乎所有的顾客都能够接受店方的解释。很少有要求把混入异物这件事向媒体公布的顾客。这样做的顾客是要达到大型汽车工厂召回产品（回收可能有问题的产品，修理或退钱）的效果，才要求店方向媒体公布的。

但无论是通过媒体发布召回消息，还是生产厂家投入大量资金在报纸等刊物上登载公司通告，都是为了快速回收有问题的产品，防止危害扩大，而不是以向社会公开此事本身为目的。

在工厂的生产线上比较容易发生多个商品中混入异物的情况，在餐饮店里发生的异物混入事件大多是在某种商品制作过程中发生疏漏而引起的。不会出现危害扩散到非特定的大量顾客中的情况。所以没有必要特意向社会公布这件事。

但是，要想向顾客浅显易懂地传达这种"不同"，实际上是非常困难的。因为要求向媒体公布的顾客很容易将其理解为"不公布就等同于隐瞒不正当行为"。为了消除其不安，应当明确地向顾客表示"我们会向保健所报告此事，必要时会接受相应的指导"，有必要让顾客对店方的应对感到放心。

此外，为了尽可能减少异物混入这种纠纷，首先应在厨房避免使用像铅笔、自动铅笔、订书器等很容易在食物中混入针或笔芯的东西。在使用橡皮圈时，要做到颜色统一，以便在发生投诉时容易确认。另外，有木屑的容器或玻璃制品，要勤于检查，及时更换新品，这样做也能够预防异物的混入。

除此之外，那种安装在天花板上的空调，存在从过滤网或外侧边框掉落灰尘的风险，因此平时不要忘记清扫。另外，像洗洁精等化学药品，绝不要装在和提供商品时使用的同样形状的容器或杯子里，因为容易发生误用有化学药品残留的杯子装水给顾客饮用的情况。

✦ **POINT**

● **通过向保健所报告来消除顾客的不安**

要求将食物中混入异物的事件"公开发布"的投诉顾客，很有可能怀疑店方会隐瞒事实。通过向顾客传达"会向保健所报告此事，并遵从保健所的指示"，能够消除其心理上的不安。

●减少异物混入的可能性

橡皮圈等备品，如果在店内事先统一好规格和颜色，在发生异物混入的投诉时，就很容易确认。像铅笔或自动铅笔的笔芯，订书器的订书钉之类的有可能混入食物的东西，不应该在厨房里使用。

被要求拿出"防止再次发生的对策"时

向保健所报告并接受指导。每天坚持不懈地努力

"我是前几天在店里吃饭时因为菜中掉进了头发，你们给免单的那个人。能向我报告一下在那之后你们店采取的防止再次发生的对策是什么吗？"……

店里接到一位中老年男子打来的电话，声称数月前在店里用过餐，他要求店里解释防止再发生的对策，同时提到"在其他店里发生纠纷时，店长给了招待券"等，索要财物。

对食物中混入异物的纠纷，社会性关注不断高涨，本店也很重视，并对纠纷做记录保留下来。确实像这位顾客所说的那样，店里发生过混入异物的纠纷，店方当场向这位顾客赔礼道歉并退还了餐费。

然后跟顾客约定"会向保健所报告并接受指导，以防止类似事件再次发生"，向保健所报告完毕后就已经被看作解决完的纠纷。那么店方有必要采取进一步对策吗？

通过向保健所报告并接受指导，作为店方已经尽到了"责任"

从结论上看，店方不需要做进一步的应对。处理料理或饮料中混入异物纠纷的一大原则是，重新做一份商品或退还商品费用。赔礼道歉是理所当然的，但没有必要赔偿原价以外的金额。

此外，据说这次的投诉顾客，把本店对混入异物的处理方法和其他店相比较，暗示店里要赔他更多金钱。这种行为已经不能认为是一般顾客的行为，也就是说他有可能是恶意投诉者，需要谨慎应对才行。如果为了道歉而给对方过多金钱的话会让对方尝到甜头，所以决不能妥协。

另外，当被追究混入异物的责任和被要求说明防止此类事件再次发生的应对措施时，最好的应对策略是向顾客回答"我们已经向保健所报告并接受了保健所的指导，会努力防止此类事情再次发生"。一般来讲，特意要求店方报告防止再发生对策的顾客，对店里的应对感到不安的可能性很大，所以为了让顾客安心，最适当的做法是接受第三方保健所的指导。这一点，在发生纠纷时，作为应对手段也是妥当的。

实际上，也有的餐饮连锁店采取向保健所报告所有混入异物纠纷的体制。虽然有时保健所或其负责人会惊讶地说"不用做到这个地步"，但为了不让消费者无端地怀疑店方，我认为这是现阶段最为妥当的自卫策略之一。

而且，为了实现零异物混入纠纷，平日坚持不懈的努力是不可或缺的。

具体来说，在上菜之前要检查食物的装盘，确保没有异物混入。虽然这是基本的，但员工因忙碌很容易忘记，所以有必要注意这一点。

在餐饮连锁店中，也有的店为了防止体毛的混入，引入了"防止体毛加工袖"。也就是在通常的衣袖中穿戴附带有橡胶的短袖，有防止体毛从袖子里掉落混入商品里的效果。

另外，开始工作前，清理掉粘在制服上的毛发，这在餐饮连锁店是最基本的事情。甚至还有餐饮连锁店在那之后还要清理脚下，并且会清除掉落在地面上的毛发或垃圾。一般都是在事务所指定的空间换衣服。其目的是减少用粘毛器滚衣服时毛发落在地面上，之后又会因为什么原因混入到料理中的风险。

此外，为了查明混入异物的原因，多数大型餐饮连锁店都制定了在收到投诉后回收异物及报告规则，并致力于彻底防止混入异物的发生。

POINT

● 向保健所报告并请求指导

发生混入异物纠纷时，要向保健所报告并接受其指导。

这样做具有消除顾客对店方不安的效果。

●不要忘记上菜前的确认

在上菜前再次确认菜品中是否有异物混入，在防止混入异物的对策中是重中之重。即使再忙也不要忘记确认，一定要贯彻执行这一点。

玻璃碎片混入饮料中

要先确认顾客有没有可能喝下去了

　　店里发生了给某位顾客端上来的饮品中混入玻璃碎片的纠纷。好像是店员不小心打碎的玻璃杯的碎片混入了饮品中，原因尚不明确。

　　注意到这件事的是顾客自己。幸好是一杯用吸管喝的饮品，玻璃碎片在吸管的顶部被卡住，没喝到嘴里。但顾客生气地说："如果把细小的碎片喝进去，出了什么事怎么办？"

　　我们充分理解顾客这种不安的心情，向对方建议"为了以防万一，陪您去医院做一下检查"，但顾客因为"害怕做胃镜"，不想去医院。协商没有进展。

　　最后，顾客说了句"跟你没什么好讲的"，就离开了店里。过后，他给总公司打去了投诉电话。

"可能是喝进去了" 是不能解决问题的。
通过 "一同去医院" 辨明是否喝进去了

虽说店方原本负有责任，但对于顾客 "万一有什么事儿的话，你们要负责任！" 这种暧昧的要求无法应对。如果发生了纠纷，在初期阶段就明确店方的责任，这是解决纠纷的重要前提。

就这次事件而言，店长陪顾客去医院，确认顾客是否有可能喝进去了玻璃碎片，除此之外别无他法。当然，检查费用由店方承担。如果顾客拒绝这个请求，店方就不得不在适当的时机终止和顾客的协商。

发生料理或饮品里混入异物的纠纷时，给顾客返还混入异物的菜品或饮料的餐费，并赠送一份其他的微薄菜品，这是大型餐饮连锁店在金钱意义上所能做的赔偿的 "上限"。当然，是退款还是重新做一份菜品，可以让顾客做选择。

如果混入的是蟑螂，顾客索求精神损失赔偿（心灵上的伤害）的话，店方在金钱方面能做的也是相同的。应该诚心诚意地道歉，让顾客感受到店方赔礼道歉的态度，这一点是金钱无法替代的。

另外，在投诉顾客中，也有人会想，如果扬言 "要向保健所投诉"，店方会害怕。如果顾客这么说了，就要事先给保健所打电话，汇报一下 "也许会接到这样内容的投诉"。

并且，即使是同一种纠纷，因为保健所地域的不同或负责人的不同，应对也常常会各有不同。例如，像这次混入异物的纠纷，应对的人不同，应对方式也会各种各样。有的人仅通过电话报告就可以，有的人会要求店方用传真机把发生的一系列事情报告上来，还有的人会立即到店里确认现场等。所以我建议，如果保健所离得近，最好前去问候寒暄一下，以便建立信赖关系。

不仅限于混入异物的纠纷，给顾客带来麻烦的时候，一定要店长或那个时间段的负责人出面向顾客赔礼道歉。而且，在顾客结完账走出饭店时，应该再次向其道歉。

虽然没有说起来那么简单，负责人要在"发生纠纷的时候"和"顾客离开的时候"向顾客赔礼道歉。只要这两部分都做得很好，顾客的怒气就会平息，就能大幅度降低投诉复杂化的可能性。

POINT

●要明确责任的有无

在异物混入或有症状投诉的时候，对于顾客"将来，我身体要是出现了什么问题，你们要负责！"的这种要求没有必要进行应对。如果有可能留下什么后遗症，请陪顾客立即去医院接受诊断，明确对身体的影响。

●道歉的原则

如果犯了什么重大错误，店长或那个时间段的负责人要出面向顾客道歉。并且，在那位顾客离去的时候再一次为店方的失误真诚地道歉。

尽管说"已经可以了",但过后又生气的顾客

"已经可以了"这句话包含的深层意义

前几天,发生了这样一起纠纷。有名员工把装有水的杯子递给顾客时不小心把水洒了出来,顾客的包被弄湿了。

那名员工一边拼命地道歉,一边用毛巾给顾客擦包。幸好洒的是水,溅湿的地方不那么明显了。顾客看了说"已经可以了",所以店员感觉被原谅了,暂时放了心,以为这场纠纷已经解决了,就没有向当时不在店里的店长汇报这件事。

后来,总店的投诉接待室接到了那位顾客的投诉,顾客声称"包上残留了污渍要求赔偿"。

在店内发生大的纠纷时,要向店长或时间段负责人报告,这是常识。但当顾客说了"已经可以了""没事儿"之类的话,员工们就会认为纠纷已经解决完毕,容易忽略向店长报告。为了防止此类失误再次发生,我们应该怎样进行指导呢?

纠纷发生时顾客说的"已经可以了",其实是"我和你已经没什么可说的了"的意思

尽管包被淋湿了,但溅上的是水,所以不会留有痕迹,这种想法是错误的,需要注意残留痕迹的可能性很大。

但是,即使顾客的包被污损了,也没必要赔偿和被污损的包同款的新包相同的价格。店方的原则是只需要负担把弄脏的地方恢复原状所需的费用。如果在干洗店能够去除污渍,负担这个费用即可。需要买新包替换的情况下,由于包在使用期间价值会相应地降低,要以此为前提向顾客提示价格。

手提包的赔偿金额取决于之后的交涉,但交涉中不可或缺的是信息。总公司的顾客投诉接待室接到这场纠纷的投诉时,要由店长向总公司提供现场信息,这是十分重要的。

但社会经验尚浅的员工,在发生纠纷后,如果投诉顾客说"已经可以了""没关系"之类的话,就往往认为纠纷已经得到了解决。但是,这些话经常包含深层次的意思。

"已经可以了"这句话里含有"你不要再说了,让我和负责人讲话!"的意思。"没关系"常常含有"把负责人叫过来"的意思。

因此,虽然顾客说"可以了""没关系",但发生店方有可能赔偿损失的纠纷的时候,一定要向店长报告,同时让总公司第一时间共享信息。比如,顾客的衣服或所带的物品发生污损,料理中混入了异物,就餐后产生身体不适等,要注

意以上这种投诉案例的发生。

当发生这样的纠纷的时候，如果店长不在，一定要对顾客说："过后会让负责人联系您，请留下您的姓名和联系方式。"同时，让员工把纠纷的原委按照"何时""何地""发生了何事""结果如何"这种方式，尽可能详细地记录下来。

这时，在不愿透露联系方式的顾客当中，也有极少数故意捏造纠纷想要从店方勒索钱财的恶意投诉者。这种人一被问到联系方式就很为难，于是开始发火，要求金钱上的赔偿。相反，普通的顾客中有很多人会为店方做到这一步而感到过意不去。像这种细微的信息，在解决投诉的交涉中能够起到很大作用。

另外，遇到上菜慢等情况，虽然没有必要赔偿损失，但会导致顾客发火，这时店员要当场向顾客道歉，之后店长或时间段负责人要再次向顾客诚恳地道歉，这种做法很有效果。因为向对方显示本公司准确地把投诉报告给了负责人的这种姿态，有平息顾客怒火的效果。

★ POINT

● **"已经可以了""没关系"这些话里有时候含有更深层意思**

当发生纠纷时，即使顾客说了"已经可以了""没关系"

之类的话，也不一定意味着投诉已经被解决了。这些话里经常带有"跟你没法讲，让负责人跟我谈!"的意思。

●尽可能地做好记录

当发生有可能会赔偿损失的纠纷时，要按照"何时""何地""发生了何事"，即所谓的"5W1H"的原则正确地做好记录，这在之后交涉时会有帮助。要在尽可能的限度内做好记录，这种思想准备十分重要。

顾客寄存的行李不翼而飞

要赔偿到什么程度呢？

在机场的某个店铺里，提供暂时替旅客保管手提行李袋和行李箱的服务。然而前些日子，发生了一次失误，店铺把去福冈的顾客的手提包错交给了去东京的顾客。

在寄存行李时，要在行李上系上号码牌，并且给顾客相同号码的牌子。服务员没有遵守这个规则是发生这次纠纷的原因。

飞机起飞前，店铺向机场的事务所和航空公司进行问询，寻找拿错行李的旅客。但是，当时并没有找到，只能向去往福冈的旅客表示"如果找到手提包，我们会第一时间联系您"，请顾客登机出发了。

结果，当天晚上，接到抵达东京后发现手提包拿错的旅客打来的电话，尽管顺利地解决了这次纠纷，但设想一下行李最终没找到的后果就会认人不寒而栗。

赔偿的原则是"恢复原状"
没有必要返还新品

　　在机场经常会发生拿错手提包或行李箱的纠纷。但是，多数情况下，被拿错的行李都能顺利地返还给行李的主人。理由很简单，在机场的餐饮店同一时间段就餐的旅客极有可能是搭乘同一架航班或前后班次的顾客，比较容易确定身份。乘坐飞机的乘客名单里记有姓名和联系方式，所以联络起来也很简单。

　　但是，不仅限于这次的事件，如果顾客寄存在店里的行李、上衣、大衣等丢失了，餐饮店在法律上应该承担什么样的责任呢？

　　餐饮店替顾客保管行李被称为"委托合同"，因此如果保管的物品丢失，餐饮店负有赔偿责任。

　　问题是需要赔偿多少金额。原则上是赔偿相当于遗失物品时价的金额。

　　比如，在这次的事件中，假设手提箱和里面的衣物加在一起，购买时花费了 30 万日元，现在已经成为二手物品了，按照时价评估的话就值 10 万日元左右，那么按照法律规定只需赔偿 10 万日元，不需要支付 30 万日元。

　　另外，需要谨记的是，对于随身携带的现金或高级手表等贵重品的保管。贵重物品不予保管，请顾客自行保管是最基本的原则。这一点一定要向顾客传达清楚。

但是，即使忘记传达，只要不是在接受顾客提出了放有贵重物品的申请后保管行李就可以。这样，保管的行李丢失后，即使顾客说"里面放有贵重物品，要赔偿我"，店方也不负有赔偿的义务。

不过，如果这次事件中，顾客提出"因为行李丢了，旅行要延期"，店方有必要支付违约金吗？

或许会很意外，但店方没有必要支付违约金。随身携带的现金、飞机票、护照等丢失的责任并不在店方。顾客声称"因为私人物品丢失，心情郁闷，不能去旅游了"，从法律上来看，店方不需要承担其中的"如果""假设"那部分的责任。

不过，虽然现在一切都是以法律为原则，但在实际工作中，还是有必要结合店方过失的大小及顾客的心情，具体问题具体分析。

POINT

● **无须支付新品的价格**

遗失了顾客存放的物品时，不需要按照新品的价格赔付，按照二手货支付适当的金额即可。

●贵重品的保管

饭店不应该替顾客保管贵重物品，但如果遗失了行李后，即使顾客说"里面有贵重物品，你们要赔我"，而顾客没事先声明，就没有赔偿的义务。

第 5 章

不正当要求、谣言、反社会势力……

需要采取坚决的态度时

对店家的投诉被写在了社交网站上

不影响店铺声誉的恰当的应对是什么？

"服务员看我笑了。"……

前几天，光临过本店的一位顾客在 SNS（社交网络服务）上写下了愤怒的留言。

我们是从　位熟客那里得知这　消息的。对留言置之不理并不是我们所希望的理想的解决措施。为了因给顾客留下了不愉快的回忆而向顾客道歉，同时想要询问一下详细的事情经过，于是我们在 SNS 上这样回复他："请您联系本公司的顾客会谈室。"

在那之后，虽然没有什么联系，但关于在网络上对本店的负面评价带来的损害，我们不得不重新思考。

最近，把食物当成玩具来消遣等，只能说是服务员过度的恶搞，因为这样的留言，餐饮连锁店受到攻击的现象也在增多。为了避免网上的恶评致使店家口碑下降，应该采取怎样的举措呢？

饭店的员工应该意识到自己的所作所为会被社会关注

"服务员看我笑了"之类的误会，是十分常见的投诉。顾客之所以会产生这种感受，多半是因为服务员之间有窃窃私语的现象发生。具体来讲，服务员在顾客可见范围内私下交谈，说得起劲儿发出笑声的一瞬间，偶然与顾客的目光交接。结果导致顾客误以为他们在笑话自己。

解决方法很简单，服务员在顾客视线范围内不应窃窃私语。只要遵守这条规定就可以避免这类纠纷。

那么，因为感觉被嘲笑而生气的顾客在 SNS 上留言表达其不满，那他为什么不联系本公司的客服窗口呢？

实际上，把对店铺的投诉写在 SNS 上，即使店里在留言下面评论"请联系本公司的客服窗口"，但真正联系的顾客却少之又少。

那"请联系客服"的请求是不是就没有必要了呢？

当然不是。顾客写下的消极留言有可能被很多其他人看到，如果置之不理的话，容易使人们对这家店对待顾客的姿态产生不信任感。

最近，由于服务员在 SNS 上轻率的留言所导致的恶劣影响，造成连锁店的主页"着火了"（以网络为中心谴责的评论或邮件蜂拥而至的状态），在社会上引发骚乱的情况并不少见。这种情况下顾客也会积极关注店方是如何应对的。

写下这样不合适的留言的主要都是打工者。他们真的相信除了朋友以外不会有人看到这些信息。首先，要告诉员工，往 SNS 上的投稿所有人都能看到，这是员工教育中十分重要的一环。

而且，对于网络上的"着火"如果连锁店进行了妥善的应对，就会赢得顾客的信任，不会给店铺的业绩造成重大的损失。

即使有人在网上写了有损连锁店声誉的差评，大多数顾客也不会轻易相信。但是，连锁店方会如何处理纠纷，其处理纠纷的态度顾客会十分关注。请不要忘记这一点。

POINT

●真正要问的是企业的态度

在某家连锁店发生纠纷的时候，总部收到的大量邮件或电话，绝大部分并不是抗议，而是表达"有这种员工真是让人头疼吧"之类的同情，或是"今后也要加油啊！"之类的鼓励。只要连锁店能对纠纷做出恰当的处理，对品牌造成伤害的可能性是极低的。

●在 SNS 上的留言也能展现诚意

顾客在 SNS 上发表了投诉，不满就会消除的情况很多。但是，为了展示连锁店的诚意，如果看到这样的留言，要请顾客联系店方做进一步应对。

在 SNS 上散布谣言的员工

要让员工有遵守法律的意识

某高中生打工者在 SNS 上发表了这样的言论，说在本店打工至深夜，或是在恳亲会上被社员劝酒并喝了酒等。据说看到这些内容的人纷纷给这个高中生留言，提醒她"不能允许这种事情"。

更有甚者，还给本公司也发来了好几封邮件，谴责道："真的有那样的事吗?""这是违反法律的!"

不允许高中生深夜打工（在《劳动基准法》中规定，原则上禁止未满 18 岁的未成年人在 22 点至翌日 5 点工作）或让高中生喝酒，这是理所当然的事情。

于是，对于那名在网络上发布留言的高中生进行了确认事实的听证会，这才知道所写的全部都是谎言。写下谎言的动机是，想要向周围人显示自己被店里看重。而且本人并没有想过会引起这么大的骚乱。

匿名的诽谤只是谣言而已。
无须担心名誉受损

以这次的纠纷为契机，公司请包括打工者、临时工在内的全体员工，在写着"不要随意在网上公开公司内发生的事情"的宣言书上签了字。这次的风波是员工将谣言写在了网上，与泄露信息虽然不一样，但敲响不要随意在网上发表言论的警钟才是目的。

虽然店员在网上发布言论是个问题，但许多店铺更在意的是，自称来过店铺的匿名者们写下的对于店铺的消极评价。

从社会常识的角度来考虑，对于非法写下有损店铺名誉言论的人，可以"损毁名誉罪"对其提起诉讼。只不过，难度相当大，仅凭"饭菜很难吃"或"店员服务态度不好""店里有蟑螂"等程度的内容，很难被认定为有损店铺的信用。

此外，对方是匿名的情况下，只能向网络服务商请求公开匿名评论者的信息。这种手续非常烦琐，能否获得个人信息还要取决于对方会做出怎样的判断。

所谓的匿名中伤，是指可信度极低的"谣言"。原则上，无视这种匿名中伤是大型餐饮连锁店的方针。

最近在店方运营的推特或脸书等 SNS 平台上，有人给店铺发来谴责和诉苦的评论。这种情况下，虽然也要根据内容来处理，但一般的应对方式是对于对方的评论，向他们出示自己公司的顾客会谈窗口的免费咨询电话，呼吁他们"请拨打电话", 除此之外不做其他应对。

另外, 用邮件的形式发来的投诉已经超过了用电话投诉。不过, 以邮件形式投诉, 其特征是"轻便", 大多没有写明纠纷发生的日期和店铺名称。我们向其询问具体的内容, 也只有一半的投诉顾客回信。

回复邮件的诀窍是, 内容必须涉及以下 3 点: ①要向负责人准确汇报顾客的投诉, ②要注意不再犯相同的错误, ③顾客提出的意见会在今后的改进中发挥作用。但是, 没有必要写具体会做何努力。如果给顾客回复这样的邮件, 一般都会得到顾客的认同。

★ POINT

● 对于消极评论无视是最好的做法

虽然有不少店主十分在意自称是顾客的人在网上对自己的店写下的消极评论, 但是匿名的毁谤是可信度很低的"谣言"。很少会对店铺的营业造成负面影响, 所以不用太在意。

● 对于在推特或脸书上的投诉

在店方运营的推特或脸书上收到对店铺的谴责或抱怨时, 很多连锁店除了回复"请您拨打本公司客服窗口的免费咨询电话"外, 不会再做出其他回应。

稍不如意便大发雷霆的投诉顾客

是否发火不取决于投诉内容的严重性和酒精度的高低

"你这个浑蛋!"……

前些天,有位男性顾客进入了近乎满席状态的店中,他一边大声喊叫,一边将桌面上摆放的写有"预约席"的牌子拿起来扔到地板上。

匆匆跑来的店长也非常强硬,应对道:"你在干什么?快给我离开!"此刻,那位男性顾客更加生气了。店长也毫不退让,两人站在店铺前面的道上激烈地争吵。因为非常喧杂,警察也赶来了,让双方都冷静下来。

这位男性顾客看起来有点像黑社会,气势比较吓人,把家属都叫到店里来了。在激烈争吵进行的过程中,店长了解到,男性顾客应该已经和店铺预约了,有位员工却说没有接到预约,由此顾客非常生气。

争吵一直持续了一个小时。当店长意识到是预约时的失误时，几乎在同一时刻，男性顾客扔下一句："这样的店，谁还会来第二次?!"便扬长而去。

发火的理由每个人各有不同，无论如何先仔细倾听对方说的话。

投诉的顾客大声呼喊的行为，并不取决于投诉内容的严重性和酒精度的高低。有的人会因料理中有一根头发而冲员工大喊大叫，有的人即使因为混入了金属片向店方提出这件事，也仅轻描淡写地说："没有不小心吃下去真是太好了。"

也就是说，是否大声冲着员工大喊大叫，取决于这个人的性格（人品）及他当时的心情。

因此，当投诉顾客大声谩骂时，一定要忍耐，直到对方平息怒气。然后认真聆听，弄清楚顾客发怒的原因，这才是解决投诉重要的第一步。

说起这个案例，当男顾客在店内大发雷霆的时候，不要立即说"请离开!"，而应当在弄清楚顾客为什么生气之前冷静地询问缘由。

我想恐怕是这位顾客本来预约了位子却不能进店，觉得在家人面前很没面子而生气了吧。如果是店方的错误，向顾客道歉是毋庸置疑的。同时应该积极谋求解决的对策，比如想办法腾出一个新的座位，或者联系姊妹店、竞争对手店，帮顾客寻找空位等。

虽然我们经常强调"要用毅然的态度对待投诉者"，但这里所说的"毅然的态度"是要通过冷静的判断，告诉顾客，对于顾客的要求能做到的会尽量去做，做不到的就是做不到，恳求得到顾客的理解。而不是说对于大发雷霆的顾客"在态度方面一步也不能退让"。

此外，发怒的投诉顾客只是性格或心情是那样的，大部分情况下不会在金钱方面有不当的要求。即便如此，也不要带有偏见，要冷静地听对方讲话。

店长不在时发生了纠纷的话，要让店员问清楚顾客为何发怒，然后为给顾客造成不快而道歉，并告诉顾客"我难以做出判断，要联系一下上级领导。请告诉我您的联系方式和合适的时间"。

对于受责难的员工，如果是因为他本人的失误而让顾客暴怒的话，要安慰他"以后多注意，不用放在心上"；如果是因为别人的原因代受责难，要说"真不容易啊，谢谢你了"来表达对他的感谢和安慰。刚刚被顾客责难后，要稍微远离事发地点，给予员工缓和情绪的时间也十分重要。

★ POINT

● 是否大发雷霆取决于这个人本身

投诉顾客大发雷霆很多都是由其性格（人品）或心情所

致，想要弄明白对方生气的原因，只有认真聆听对方讲话。

●谁都不擅长被怒斥

与大发雷霆的投诉顾客对峙的员工心里一定会感到不快，应该向其表达鼓励或感谢的心情。为了调整心情，允许他离开工作岗位 5 分钟也能起到安慰心灵的作用。应该递给员工一杯慰劳的饮料表示关怀。

对付骂人的顾客的最终手段

通知警察或保安时的程序

"我要杀了你!"……

前几天,某位中老年男顾客突然发怒了,在店内大声骂人,把放在架子上的外卖用的商品全部打翻在地,给店里造成了极大的混乱和麻烦。原因是,上菜太晚让顾客等了很久,而且比自己点菜晚的顾客先上了菜。

当时店长不在店里,据说店员都被顾客的气焰镇住了,一边犯愁不知该如何应对,一边一个劲儿地向顾客道歉。然而,那位男顾客的怒气并没有消除。

一位看不下去的顾客报了警,警察到了之后把那名男子带到店外进行劝解,事件才平息了下来。

然而,有的员工仍会担心这位男性顾客再次到店里来大吵大闹。这次事件是在顾客的帮助下得到了解决,那么,作为店方来说,究竟该如何应对呢?

原则上要警告三次以上"我要报警了"
员工之间的配合也十分重要

有些顾客实在看不惯在店里大声怒骂、胡闹的投诉顾客的行为，试图通过报警来帮助店员，进而介入店员与投诉顾客之间的纷争中，这种案例并不少见。

然而，这很有可能给顾客带来非常大的麻烦或危险。不借助其他顾客的力量，店方自行解决问题是理所当然的，根据情况向警察寻求帮助也是无奈之举。

当顾客不听劝阻持续捣乱的时候，要警告他三次以上"我要报警了"！如果对方依然不予采纳，原则上应该报警（在购物中心要通知保安）。并且，应该进行三次以上的警告，这是为了向情绪激动的顾客明确传达店方的意图。

不过，如果是自身安全受到威胁的情况下，则无须受以上要求的局限，要随机应变。而且，在店长应对投诉顾客期间，有时也需要其他店员报警等相互配合的情况。如果平时提前沟通好紧急时刻的任务分配，在紧要关头才能发挥作用。

"报警的话，日后会不会遭受到什么报复？"在店员中似乎有人因此感到不安，但并不需要担心。至今为止还没有听说过因为以前被报警处理的投诉顾客，再次上门找麻烦的事情。

还有，接到报警后赶过来的警察，一般都会劝解在店内引起纠纷的投诉顾客，告诫并催促他们早些回家。激动的情绪如果平息下来的话，就没有理由怨恨店方了。

而且，作为因在店里爆粗口、胡闹等异常激怒的行为引起的纠纷，有以下三种类型。

首先，像这个例子那样因为上菜顺序引起的。①虽然点餐之后等了很久，但给在自己后面点菜的顾客先上菜的时候。②在排队等待买快餐时，被后面的顾客抢先点单。

并且，③结账时在递给顾客零钱时，顾客感觉"零钱是被丢过来的"而被激怒的情况。当然了，不可能真的有这样的店员把零钱扔给顾客。可能是店员太忙，递给顾客零钱的动作被顾客误解了。

在这种案例里，顾客之所以会激怒，是因为感觉到自己不被尊重，自尊心受到了伤害。不得已选择报警的情况暂且不论，仔细地倾听对方的想法，表示自己能感同身受，是处理纠纷的基本做法。另外，①~③类型的错误很容易导致更大的纠纷，平时就一定要意识到这一点。

★ POINT

●需要注意会伤害顾客自尊心的错误

给在自己后面点单的顾客先上菜等会伤害到顾客的自尊，让顾客感觉到被愚弄，通常很容易把顾客激怒，这一点请注意。

●即使报警也不会招致顾客的怨恨

即便是为了驱逐有在店内反复爆粗口等问题行为的投诉顾客而报警，日后也绝不会被投诉顾客报复。

顾客之间发生纠纷

在店内的饮品区附近，两位手拿玻璃杯的顾客发生了碰撞。一位顾客的饮料从杯中洒了出来，弄脏了另一位顾客的衣服和随身物品，产生了纠纷。

最初，两位顾客就弄脏的衣服等应该怎样赔偿的问题进行了协商，但没有达成一致意见。弄脏他人衣服的"肇事者"一方的顾客最后说了句"我没时间了……"就匆匆忙忙离开了店里。

店方最初没有注意到发生了纠纷，但留在店里的相当于"被害者"的顾客却以"因为是在店内发生的纠纷，所以店家有责任进行赔偿"为由向店里提出申诉，店方这才察觉到顾客之间发生了纠纷。

虽然这的确是在店里发生的纠纷，但并不是过道太滑或过窄等原因导致的，所以店方认为自己并没有什么过失。那么店方有必要进行赔偿吗？

店方对纠纷没有责任。
要向顾客耐心说明"误解"

从结论上看，虽说是在店内发生的纠纷，但顾客之间出现了纷争是当事人双方的问题，店方并不承担任何责任。因此，店方没有必要对衣服和物品被弄脏的顾客进行任何赔偿。

这个结论是从餐厅与车站、公园一样属于"公共场所"的认识中得出来的。不过，在顾客当中，有一部分人确信在店里发生的一切纠纷店方都有责任，这也是无法否认的事实。对于这些顾客，应向其表达难得光临本店却发生了不愉快的事情而感到十分抱歉的心情，并向顾客表达店方的担心和关怀。

但同时只能向顾客表示店方无法给予其金钱方面的补偿。在此前提下，有必要事先确定当顾客之间发生纠纷时的处理方法。

餐饮连锁店中有极少部分饭店，在这种情况下，即使店方没有任何过失，也会为顾客负担衣服与随身物品的清洗费用。

不过店方也会仔细地向顾客解释，这归根结底只是基于店方的"善意"的行为，因此即使留下什么污渍，店方也无法进行额外的赔偿。此外，当顾客之间发生碰触等，而不小心将热饮之类的东西泼到顾客身上，在有可能造成烫伤的情况下，顾客的初诊费也由店方负担。同样，这种情况下，店方也不会承担除此之外的治疗费用。请把这样的应对方式当作店方力所能及的"上限"。

此外，如这次的事例一般，争执往往是发生在 40 岁以上的男子之间。由于"加害者"一方先离开现场而导致事态恶化的例子屡见不鲜。其原因之一是因为不想将自己的名字和联系方式告诉素不相识的对方。

当顾客之间发生触碰事件时，双方首先应该交换联系方式，弄脏对方东西的一方要将清洗费交给对方。如果这些钱不够去掉污渍，日后就如何承担额外费用重新商量就可以了。但是，如果是非要当场一次性解决所有问题，会因为双方找不到妥协点而导致交涉破裂。

当顾客之间由于某些理由开始争吵或打架时，作为店方应该告诉他们"这样会影响到其他顾客"，请他们停止冲突，或者直接请他们到店外解决。

为了保障前去阻止的店员的人身安全，有的餐饮连锁店会在介入调解的同时报警。

P O I N T

● **如果是顾客之间的纠纷，店家没有任何责任**

在店内顾客之间发生了纠纷，即使有一方受到一些损害，店方也没有赔偿的责任。不过，店方要对被卷入纠纷的顾客表示担心，对顾客使用关怀的语言，这一点十分重要。

● **不需要向受害人赔偿**

即使由于顾客之间的纠纷导致一方的衣服被弄脏，店方也没有必要就损失进行赔偿。但是，也有一些连锁店，作为店方的"好意"承担一部分费用。应该事先决定好发生纠纷时的应对措施。

想把恶意投诉者赶出店外

即使反复请求也不肯离开的顾客是典型的妨碍营业

"因为邻桌的饭菜没有收拾，放着的杯子里的水洒了出来，弄脏了我的制服。清洗制服期间我没法工作，所以你们要支付我干洗费和一天3万日元的误工费。"……

我们接到了一位坐在前台的中老年男顾客的投诉，当班的领导被持续骂了20多分钟。这还导致店里人手不足，给其他顾客造成了困扰。

男性顾客反复强调，"顾客走后不收拾餐桌，是饭店的失职。绝不能容忍这种不负责任的店"。

的确，因为是忙碌的时间段，所以没能来得及收拾餐桌是事实。但没想到顾客会因为洒在制服上几滴水而如此动怒。

由于店长休息，所以区域主管赶到店里，就今后的事宜进行了协商，但原本当班的领导应该如何处理此事呢？

拜托顾客3次"请回去吧"，还不走的话就报警

从结论来看，因为没有必要支付清洗费和误工费，只能郑重地向顾客道歉并请他回去。

处理投诉最重要的是，将问题简单化思考。就这次的事例而言，将吃完后没有收拾的餐盘和衣服被弄脏了这两件事情分开考虑的话，答案就显而易见了。

首先，旁边桌上放着吃剩的餐盘，这对顾客来说并不是什么心情愉悦的事情。店家应该对此向顾客表示道歉。但是，事情也就到此为止。另一方面，关于衣服脏了这一点，如果是由于店员收拾旁边桌子时不小心将水洒到顾客身上，店方应该承担相应的责任。但是，因为顾客是自己随便碰了旁边桌子上放的水杯而弄洒了水，这就是顾客自己的责任了。

也就是说，要向顾客道歉。另一方面，由于没有付钱的理由，所以告诉顾客不能支付清洗费和误工费也符合"道理"。

如果即使这样顾客依然在店内闹事，就请告诉他"您已经影响到了我们店的正常营业，请您回去吧"。据说，某家连锁店这样培训员工，5分钟内向顾客说3次"您请回"，如果投诉者依然吵闹的话就报警。

不过，能做到这一步的也只有店长或经验丰富的老员工，对于新打工者来说还是很难应对的吧。

就这次的案例来说，要告诉顾客"我们将站在应该受到批评的立场上竭诚处理这件事，今天您请回去吧"。这个时候有两点需要注意。

一是要请顾客在纸上写下姓名和联系方式（手机号码，如果可能的话还有住址）。为了避免出错，要请顾客自己书写。还有一点是，需要店员与顾客一起确认衣服的污渍。比如，店员要向顾客确认："弄脏的地方是这里和这里，是吧？"一定要得到顾客"是的""嗯"之类的表示同意的回答。

二是顾客离开之后，要尽早地以"何时""何地""衣服脏成何种程度"等形式，把关于纠纷的"5W1H"记录在笔记本上。基于时间体系做的记录，会在之后的交涉中起很大作用。

POINT

●复杂的事情简单化

解决投诉时重要的一点是，要把问题简单化思考。这样一来，就会发觉，对于打翻了放在邻座的玻璃杯里的水而弄脏了衣服的投诉顾客，店方并没有支付其财物的理由。

●不回家的顾客是在妨碍营业

在店内吵闹，无法停止给其他顾客添麻烦的顾客，对其说了好几遍"请您回去吧"也不离去的顾客，这完全是在妨碍营业。出于对其他顾客及店员人身安全的考虑，可以选择报警。

非法索要财物的投诉者

"菜里混进了毛发。拿出你们的诚意来！"……

一位看起来四五十岁短发稍胖的男子，以商品中混入了异物为由，不仅要求退还餐费，还向店方索要代金券或现金作为赔礼。这样的纠纷，在附近的同盟店里相继发生。

并且，和通报中外貌一致的该男子也来到了本店。他和之前一样，在收银台前嚷嚷着"菜里混进去了毛发"，开始大声吵闹起来。

我在与这个男子谈话期间，让其他员工给总公司的顾客会谈室打电话，说明了事态。因为他很有可能就是在其他店里闹事的那个人，所以报了警，警察审讯之后逮捕了该男子。

起到决定性作用的证据是，受害饭店里的监控录像里录下了在收银台前大吵大闹的该男子的影像。饭菜中混入毛发原本就属于极其罕见的事情，并且不可能在这么短的时间内

在同一顾客身上多次发生。该男子被警察抓住这一点后无法
辩驳。

叫嚷着"再多给点!"的对方,已经不是顾客了

设置在收银台周围的监控摄像头,主要起到应对抢劫和
防止收银员不当行为这两大作用。对于防范有不正当要求的
投诉者也非常有效。因为和多年前相比,监控摄像头价格便
宜,性能也提高了,所以许多大型连锁店都相继开始使用。

恶意投诉者在同一连锁店用同一种手段索要钱财,这是
他作案的主要模式。通过监控录像确认恶意投诉者的图像,
如果是同一个人反复产生类似的纠纷,应该把信息与同一地
域的其他同盟店共享,事先做好心理准备,以防万一。

当发生混入异物的纠纷时,应对的基本原则是重新再做
一份料理,或者退还餐费。但是根据现场的判断,也有赠送
自己公司餐券的例外情况。对于店方做出的如此应对仍不满
意,"这点东西哪够啊""再给我些餐券!"等要求追加金钱上
的赔偿,这样的人已经不能被称之为顾客了。在大型餐饮连
锁店,一般来说会这样指示,让店员终止应对,或者可以根
据情况报警。

除了这种要求金钱赔偿的恶意投诉顾客外,还有一些人
对店方过于愤怒,扬言"我要杀了你!"威胁店员和顾客咨
询室的负责人。对于这种使用过激语言的人,报警也没关系。

不过，只要对这些人说"我要报警了"，大多数人立刻就能冷静下来。

顺便需要提到的是，在发生纠纷时不给顾客的怒气火上浇油的诀窍是，被问到"店长在吗？"的时候，一定不要回答"不在"。因为很多人会觉得"连店长都不在，这家店真是太不靠谱了"而发起火来。请一定连同不在的理由一起向顾客转达，比如说"店长今天休息"等。

而且，不要使用像"我不知道"之类的逃避责任的语言和诸如"啊？""嗯？"之类的让人感到你没在认真听对方讲话的语言。在询问坐在座位上的投诉顾客时，要采取单膝跪地的姿势，使视线低于顾客。如果俯视对方，容易让生气的人更加不快。

并且，道歉的时候，不只是语言，还要深深地鞠躬。这样更容易表达歉意，这种方式很容易教给打工的学生，也是应对投诉的基本方法。

✦POINT

● 向警方报警。其判断标准是什么？

遇到那些纠缠不休、提出不正当的金钱赔偿和使用过激语言威胁店员人身安全的投诉顾客，大多数大型餐饮连锁店会指导员工根据现场的判断，选择报警。

● **为了不给对方的怒气火上浇油**

也有因为店方的接待方式而冲动，将不当的语言发泄到员工身上的投诉顾客。不使顾客怒气高涨的诀窍是，道歉的时候要鞠躬行礼。这样做更容易表达歉意。

诉求变来变去的母女投诉者

当投诉当事人以外的人介入的时候如何应对？

　　某家店铺门前摆放着台子，销售上面陈列的各种家常菜品，但因一阵狂风刮倒了台子，正在销售的菜品全部洒落在道路上，引起了纠纷。

　　幸运的是，台子并没有砸到顾客和过往的行人身上，也没有人投诉说菜品弄脏了衣服。但过了一会儿公司总部的顾客会谈室打来电话，说有一名大四女生说"台子倒的时候砸到脚受伤了"。

　　于是我们请求她去医院诊断，并多次询问了她本人，但她对受伤部位的说法从膝盖处撞伤变到脚踝扭伤，一直在变。不仅如此，一位自称是她母亲的女士也打电话来说"我女儿骨折了，请支付精神补偿费"。

　　从医生的诊断书来看也不能认为是骨折。"台子砸到我了"这句话现在看来变得不可信，店方打算终止应对。但对这对母女的想法感到很困惑。

如果投诉的当事人在 20 岁以上，就无须与当事人以外的人进行交涉

发生一些投诉时，就赔偿问题有必要进行交涉的情况下，如果对方年满 20 岁，那么只与当事人协商是铁的法则。不论是父母，还是配偶，无须与当事人以外的第三者进行交涉。如果店方无法直接与当事人交涉，店方终止这一阶段的交涉也是不得已。

因此，在这次的事件中也是一样，没有必要与女大学生的母亲商谈精神补偿费的问题。

虽然这是一般看法，但当事人以外的第三方要介入协商的目的往往是想要在无须赔偿的情况下得到金钱上的赔偿，或是想提高赔偿的金额。

通常情况下，如果孩子想要通过不正当的投诉从店方得到金钱赔偿，阻止孩子的这种行为是父母的工作。但教唆孩子一起投诉，想得到更多赔偿的情况也并不罕见。

由于母亲的介入，投诉的当事人女大学生说的话也颠三倒四。"何时""何处""何物"砸到身体，受了"什么样"的伤，关于这些内容店方按照时间顺序详细地记录清楚是最基本的对策。

我们通常是基于"顾客说的话都是正确的"这种人性本善的心态来处理投诉。但是，在这次事件中，当事人每次说的内容都不同，所以有必要把记录当证据指出对方的矛盾点。这次因为留有记录，经过综合判断，店方并无过失，所以停止与对方的交涉也是理所当然的。

虽然这次的投诉很不合理，但除此之外，仍有令人难以想象的投诉存在。

据说在某家餐饮连锁店，有一位投诉者声称"菜里有玻璃碎片"，把区域经理叫到了店里。那位投诉顾客张开嘴，取下舌头上的一个玻璃碎片，一边给区域经理看，一边责问他："饭菜里竟然有这个！你们怎么解释?!"

区域经理告诉他："我们会向保健所报告，听从指示"，把这个投诉者回绝了。当然，因为店方并无过错，所以即使是向保健所报告，也不会遭受处罚。

★ **POINT**

● 只把当事人作为交涉对象

和 20 岁以上的投诉者发生纠纷时，只和当事人进行商谈。如果让第三方介入，经常会被索取不正当的金钱赔偿，导致事态恶化。

● **做好记录**

为了看清投诉顾客是否说的是真话，要做好记录，确认对方主张的内容是否存在矛盾，这种做法十分有效。

伪造混入异物的诈骗

不要接受"现在马上付钱"，要问他的联络方式

"料理中混入的铝片割到我的嘴了。"……

有位中老年的男性顾客将员工叫住，一边把铝片给员工看，一边用手擦着嘴，手上粘有明显的血迹。男性顾客对员工说："衬衫上也粘上血了，赔钱吧。这件衬衫是女儿送的礼物，大概花了 1 万日元。现在我必须马上离开店去工作，你们最好现在就付钱。"

应对他的是位兼职员工，当时时间段负责人回答道："我权限内能够支付的最多是几千日元。"男性顾客说："那么这样，我把衬衫拿去洗衣店，这样也可以。"于是拿着几千日元离开了店铺。

在那之后作为店长的我为了再次道歉并询问顾客是否康复而给那位顾客打了电话，但当我打电话的时候，接电话的是另一个人，才发现被骗了。

"现在马上付钱" 是骗子的惯用伎俩

　　捏造员工某种工作失误，让员工慌乱，进而破坏员工的判断力，创造一种"现在付多少钱才能得到原谅"的情况，从员工那里骗取财物。这是将餐饮店作为目标的骗子的典型手段。

　　最近，消费者对于混入异物的纠纷的关心程度较之以前相当高，在大多数餐饮业的大公司中采取如果发生了混入金属片的投诉，为了查明原因要优先将相关信息传达给管理层高管的体制。然而，员工在工作现场，确实抱有当场平息事端、圆满解决纠纷的心理。优先向高层报告会让员工感到纠结。

　　为了避免被这样的骗子欺骗，在无法做出判断时，不要当场做决定，要跟上司商量，争取时间冷静考虑善后措施。并且，不管对方说什么，绝对不要当场付钱。

　　对于骗了来说，从他人那里骗取钱财是"生意"。如果犯罪行为暴露被捉住，就会竹篮打水一场空。所以骗子不会告诉你他的真名和电话号码、金融机构的账户等个人信息，也不会冒险再次光顾同一家店。骗子会避开防御性强的店方。也就是说，不管骗子以什么借口欺骗店家，只要店家坚持决不当场付钱的态度，就能在这种类型的骗子面前保护好店铺。

　　而且，就这次纠纷而言，因为男子说嘴里被异物割破出血了，所以店方首先应该强烈请求该男子去接受医生的诊断。并且如果可能的话，店方的负责人（店长或管理人员等）要陪同前去。顾客宣称是菜里混入的异物导致其受伤出血，所以理所应当优先考虑顾客的身体状况。

同时，该男子主张由于出血弄脏了衣服，希望店方赔偿损失。如果没有可以客观证明口中有伤的医生的诊断书，也就没有证据证明嘴里的伤是由铝片导致的，那么关于衣服一事，要求店方进行金钱赔偿就是毫无根据的。

不用说，有欺骗店方嫌疑的人是害怕去医院接受检查的，因为那样骗局会被揭穿，个人信息也会曝光。

顺便说一句，发生纠纷时有不提供姓名和联系方式的顾客，那样的话作为企业就无法进行负责任的应对。要带有诚意地向顾客解释这一点，如果还是得不到对方的理解，那么终止应对也是不得已的。

POINT

● "不当场支付"是有效的做法

在精神上逼迫对方，夺走值钱的财物然后逃离，这是骗子的行为模式。只要避免当场支付金钱，就能够有效地防止被骗。

●也有根据对象不同而终止应对的情况

发生纠纷时，要想负责任地应对，掌握对方的姓名和联系方式是不可或缺的。如果对方拒绝提供个人信息，终止应对也是不得已的。

可能是黑社会的投诉者

被叫出店外进行协商时的应对方法

男性顾客共三人来到店里，正在用餐的时候，其中一人突然大声地怒喝了起来。发火的理由是店长在接待常来的熟客时笑脸相迎，而对他们这样第一次光临的顾客却很冷淡，因此他们感到很不愉快。其余的两个人也一起开始怒斥起来，店里的顾客们因为感到不安，纷纷结账离开了。

当然，我并没有怠慢这三个人的意思，但是为了稳住局面，我还是对令三位顾客感到不愉快这件事拼命地道歉。

但是对方不依不饶，看起来像头目的男子一把揪住我的胸襟，对我说："这里不是说话的地儿，到我们住的旅店来！"

男子将写着住所的名字、房间号的纸条与餐费一起递过来，扔下一句"如果不来的话就杀了你！"扬长而去。其言行看起来根本不像一个普通人。遇到这种情况应该怎么办呢？

无法做出判断的话，请不要顾虑，和警察商量

从结论来说，没有必要去他的旅店房间。对方的目的恐怕是要勒索一些钱财。如果去了，有可能被"软禁"在房间里好几个小时，并遭受对方的谩骂。

听说不久前，有一家居酒屋也受到了同样的威胁。但是，那位店长并没有去对方指定的地方。那么最后如何呢？第二天仅仅是接到一通"你给我记住！"的电话而已。据说在那之后并没有遭到什么报复。虽然那位店长并没有找警察商量，但我还是建议遇到此类事情时最好找警察商量一下。

此外，在与棘手的对方相对峙，不得不去对方的事务所时，一定①不要只身前往，至少要两人以上一同前往。

还有，②协商时间最长不要超过一个小时，控制在常识时间范围内。③时间到了的话，就以"我接下来还约了别人"为由果断地结束商谈。再有，④如果事先进行谈话录音，在受到威胁时，比较容易寻求警察的帮助。即使是瞒着对方偷偷录音，也不会有法律上的问题。

并且，⑤一定要留一个人在店里。事先商定好如果到几点几分之前还没有店长等人消息的话就报警。

现在，日本所有的都道府县都实行了排除黑社会条例（"排黑条例"）。这个条例的宗旨是不与黑社会有任何关联。比如说，如果知道黑社会想要在餐饮店组织聚会，就必须果断拒绝这种预约。

在某家饭店，有个看起来像黑社会的男子几乎每天私自使用停车场，店里不知怎么办好，就放任不管了。但是，周围居民纷纷打来电话抗议道："饭店把停车场借给小混混，这样做合适吗?"如果无视抗议的话，就容易传出流言说这家店对黑社会很友好。

不知该如何判断时，要通过跟警察，或通过与在各都道府县设立的肃清黑社会活动支援中心商量，以寻求帮助。

★★ **POINT**

● **店方访问危险投诉者时**

要两人以上进行访问，并事先决定好结束会谈的时间。留人守店，如果到了约定的时间还没有任何联系，就要报警。事先和警察讲清楚事情的缘由，也有助于放心地进行会谈。

● **排除黑社会条例在各都道府县都适用**

如果知道黑社会团伙要在餐饮店里进行组织聚会，就必须拒绝这种预约。如果不知如何判断，要通过跟警察，或通过与在各都道府县设立的肃清黑社会活动支援中心商量，以寻求帮助。

在饭店的停车场里被非法丢弃的车辆

可以根据店方的判断自行撤去吗？

在饭店的停车场里一直有辆车停在那里……

一位店员在大概一周前就发现了这件事情。因为停车场的空间有限，一直停着同一辆车，无疑会给其他顾客造成麻烦。

也有可能是附近的居民把饭店停车场当作个人的停车场来使用，虽然在车上贴了要求其尽快将汽车开走的纸条，但至今车主仍未现身。也没发现能够确定车主身份的信息。

因为这辆汽车还带着车牌，所以从目前的情况来看，还处于无法判明是否属于扔弃车辆的状态。遇到这种情况应该如何处理呢？

不经过审理，店方无法自行撤走汽车。
在营业时间以外通过关闭停车场等加强自我保护

由于也有车主现身的情况，所以作为初期应对方式，给车辆贴提示条的做法是正确的。只是，车主现身的可能性并没有那么高。恐怕是因为车主舍不得花废弃车辆的费用，所以把车直接扔在了饭店停车场。

应该找个合适的时机和警察商量此事。警方认为在私人土地上被丢弃的汽车很有可能是被盗车辆，会帮着寻找车主，但是就这次事件，遵照"不介入民事纠纷"（即不介入与犯罪无关的个人间的纷争）原则，很遗憾，警方不能帮助回收汽车。

请去最近的运输分局（小型汽车去小型汽车检查协会），根据车牌号或车辆固有的识别号码查找所有者，并尝试跟车主取得联系。

如果不能取得联系，在下一个阶段，要将车主作为对象向法院提起诉讼。具体的方法就是以"在本店停车场内违法停车，非法占有停车场车位"为主旨进行起诉。

如果被起诉方不出庭，最后成为"缺席审判"，店方的起诉很快会被法院认可。

如果胜诉，在法院执行官在场的情况下，请专业人士把车辆撤走。被撤走的车辆通常会暂时由专业人士保管，之后被解体处理。

但是，为什么不经过法院判决就不能自行撤走、处理车辆呢？因为车辆属于某人的私有财产，日本法律规定私有财产如果没有得到法院的允许不可以由第三方擅自处理。

这一系列手续需要花费数十万日元左右。当然，在法律上可以要求对方支付这部分费用，但实际上不可能从对方那收取到一分钱。营业结束后，用链子把停车场四周围起来、安装摄像头等，除此之外没有任何别的好办法。

顺便一提，如果不知道车主是谁的情况下，要向警察申报，确认不是被盗车辆而是被丢弃的车辆后，再撤走。

✦ POINT

●锁定车辆所有者，通过审判撤走汽车

除警察把其当作刑事案件介入的情况外，即使是违法停车的车辆，如果知道所有人是谁，不经过审判也不能撤走。如果随意处理车辆，会存在被对方要求赔偿损害的风险。

●有必要采取保护停车场的自卫策略

为了防止在停车场非法丢弃车辆，只能采取在营业结束后用锁链把停车场围住的自卫策略。

结　语

"其他公司采取了这种解决方式，贵公司不这样做吗？"……

在店面或顾客投诉接待室里，经常会出现顾客引用其他公司的例子逼迫店铺做出应对的情况。有时候会产生疑问，在别的公司真的有顾客说的那种解决方式吗？尽管是竞争对手的公司，实际询问一下顾客点名的那家餐饮连锁店的顾客投诉接待室的负责人，才知道其实根本没有那种解决方式。以这件事为契机，我强烈地感到有必要跟业界其他公司交换关于每天被困扰的解决投诉的信息。于是跟数家公司一起，开始组织经验学习会。

随着会议的举办，有些案例几乎可以被称为犯罪受害的案例（无理取闹、多余要求、勒索、欺诈、故意捣乱等），大家为此苦恼不堪。还有在餐饮业才会有的混入异物、对身体状况不好等症状的抱怨、衣服及所有物品的污损、员工的待客态度、店内环境、商品品质等问题，话题简直不胜枚举。但是，即使有类似案例发生，也因为每件具体情况不同，而不得不思考适合每件案例的最合适的应对方法，持续定期举办研究会。

店铺是每天直接接触顾客的最前线。店长和员工直接听取来自顾客的询问及投诉，在这种场合，必须进行合适的应对。从顾客的言行出发，无论是对待单纯的询问，还是对待意见及期望，甚至是对待恶劣的投诉，都要倾尽全力地与顾客交流。然而，店铺工作的员工从店长到打工者各不相同，对应顾客的能力也是存在差异的。因为不同时间段的员工不同，所以对于顾客的应对往往各种各样。

此外，顾客投诉接待室是代表公司的窗口，对于来自各分店，集中在一起的所有问题，需要决定公司的方针及最终的判断。由于维护公司利益的范围非常广，所以不必说，需要丰富的经验和知识。同时需要同公司内部的相关部门取得联系，迅速实施解决对策的提案。

店长及顾客投诉接待室的负责人苦恼的重要原因还有一条在于，如果遇到困难了，无法在店内或公司内找到能够一起商量对策的人。既不能同部下或兼职员工商量，又不能向同事征求建议。有时候，只能准备好解决的方案，去和区域经理、上司商量，让他们共同参与解决投诉。这样一种职场环境，从危机管理的层面来说，绝非一个理想的职场环境。为了解决问题，不能仅局限于收集一家店铺或公司内的信息，还要将目光投向其他店铺及公司以外的其他公司。在不抵触相互间的信息保密义务范围内，其他店铺及其他公司在应对投诉时考虑问题的方法也非常有参考价值。

赞同这种理念的 18 家公司于 2003 年聚集起来，共同创建了餐饮咨询研究会。每个月召开定期的研究会，到现在（2016 年 12 月），会员企业有 28 家公司，召开了 194 次定期会议。

可能每个人都经历过，第一次站在店里非常紧张，以至于手发抖，声音发颤，以及每当拿起电话的时候，担心又会听到怎样的意见和训斥的话语吧。

能否在心中抱定信念"一定要解决顾客提出的问题"，能否怀揣胜任对他人有益的工作的自信并勇往直前？这种自觉意识，无论是对于店铺中的员工还是对于顾客投诉接待室负责人来说，都是很重要的。

在此，要对从事餐饮业的大家说的是，作为这 16 年来餐饮咨询研究会组织活动的成果，希望通过本书还原应对顾客的实态以供大家参考。

非常感谢提供这样机会的日经 BP 社的各位。从担任取材工作的记者水野孝彦，到历代的总编辑，再到企划这次出版的编辑部的各位，以及担任编辑的长友真理，均给予了本书莫大的支持，我谨代表餐饮咨询研究会的会员表示诚挚的感谢。

餐饮咨询研究会事务局长　森茂树

"服务的细节" 系列

《卖得好的陈列》：日本"卖场设计第一人"永岛幸夫
定价：26.00 元

《为何顾客会在店里生气》：家电卖场销售人员必读
定价：26.00 元

《完全餐饮店》：一本旨在长期适用的餐饮店经营实务书
定价：32.00 元

《完全商品陈列 115 例》：畅销的陈列就是将消费心理可视化
定价：30.00 元

《让顾客爱上店铺 1——东急手创馆》：零售业的非一般热销秘诀
定价：29.00 元

《如何让顾客的不满产生利润》：重印 25 次之多的服务学经典著作
定价：29.00 元

《新川服务圣经——餐饮店员工必学的 52 条待客之道》：日本"服务之神"新川义弘亲授服务论
定价：23.00 元

《让顾客爱上店铺 2——三宅一生》：日本最著名奢侈品品牌、时尚设计与商业活动完美平衡的典范
定价：28.00 元

《摸过顾客的脚才能卖对鞋》：你所不知道的服务技巧，鞋子卖场销售的第一本书
定价：22.00 元

《繁荣店的问卷调查术》：成就服务业旺铺的问卷调查术
定价：26.00 元

《菜鸟餐饮店 30 天繁荣记》：帮助无数经营不善的店铺起死回生的日本餐饮第一顾问
定价：28.00 元

《最勾引顾客的招牌》：成功的招牌是最好的营销，好招牌分分钟替你召顾客！
定价：36.00 元

《会切西红柿，就能做餐饮》：没有比餐饮更好做的卖卖！饭店经营的"用户体验学"。
定价：28.00 元

《制造型零售业——7-ELEVEn 的服务升级》：看日本人如何将美国人经营破产的便利店打造为全球连锁便利店 NO.1！
定价：38.00 元

《店铺防盗》：7 大步骤消灭外盗，11 种方法杜绝内盗，最强大店铺防盗书！
定价：28.00 元

《中小企业自媒体集客术》：教你玩转拉动型销售的 7 大自媒体集客工具，让顾客主动找上门！
定价：36.00 元

《敢挑选顾客的店铺才能赚钱》：日本店铺招牌设计第一人亲授打造各行业旺铺的真实成功案例
定价：32.00 元

《餐饮店投诉应对术》：日本 23 家顶级餐饮集团投诉应对标准手册，迄今为止最全面最权威最专业的餐饮业投诉应对书。
定价：28.00 元

《大数据时代的社区小店》：大数据的小店实践先驱者、海尔电器的日本教练传授小店经营的数据之道
定价：28.00 元

《线下体验店》：日本 "体验式销售法" 第一人教你如何赋予 O2O 最完美的着地！
定价：32.00 元

《医患纠纷解决术》：日本医疗服务第一指导书，医院管理层、医疗一线人员必读书！ 医护专业入职必备！

定价：38.00元

《迪士尼店长心法》：让迪士尼主题乐园里的餐饮店、零售店、酒店的服务成为公认第一的，不是硬件设施，而是店长的思维方式。

定价：28.00元

《女装经营圣经》：上市一周就登上日本亚马逊畅销榜的女装成功经营学，中文版本终于面世！

定价：36.00元

《医师接诊艺术》：2秒速读患者表情，快速建立新赖关系！ 日本国宝级医生日野原重明先生重磅推荐！

定价：36.00元

《超人气餐饮店促销大全》：图解型最完全实战型促销书，200个历经检验的餐饮店促销成功案例，全方位深挖能让顾客进店的每一个突破点！

定价：46.80元

《服务的初心》：服务的对象｜人百样，服务的方式千变万化，唯有，初心不改！

定价：39.80元

《最强导购成交术》：解决导购员最头疼的 55 个问题，快速提升成交率！
定价：36.00 元

《帝国酒店——恰到好处的服务》：日本第一国宾馆的 5 秒钟魅力神话，据说每一位客人都想再来一次！
定价：33.00 元

《餐饮店长如何带队伍》：解决餐饮店长头疼的问题——员工力！ 让团队帮你去赚钱！
定价：36.00 元

《漫画餐饮店经营》：老板、店长、厨师必须直面的 25 个营业额下降、顾客流失的场景
定价：36.00 元

《店铺服务体验师报告》：揭发你习以为常的待客漏洞　深挖你见怪不怪的服务死角　50 个客户极致体验法则
定价：38.00 元

《餐饮店超低风险运营策略》：致餐饮业有志创业者＆计划扩大规模的经营者＆与低迷经营苦战的管理者的最强支援书
定价：42.00 元

《零售现场力》：全世界销售额第一名的三越伊势丹董事长经营思想之集大成，不仅仅是零售业，对整个服务业来说，现场力都是第一要素。

定价：38.00 元

《别人家的店为什么卖得好》：畅销商品、人气旺铺的销售秘密到底在哪里？ 到底应该怎么学？ 人人都能玩得转的超简明 MBA

定价：38.00 元

《顶级销售员做单训练》：世界超级销售员亲述做单心得，亲手培养出数千名优秀销售员！ 日文原版自出版后每月加印 3 次，销售人员做单必备。

定价：38.00 元

《店长手绘 POP 引流术》：专治"顾客门前走，就是不进门"，让你顾客盈门、营业额不断上涨的 POP 引流术！

定价：39.80 元

《不懂大数据，怎么做餐饮？》：餐饮店倒闭的最大原因就是"讨厌数据的糊涂账"经营模式。

定价：38.00 元

《零售店长就该这么干》：电商时代的实体店自我变革。

定价：38.00 元

《生鲜超市工作手册蔬果篇》：海量图解日本生鲜超市先进管理技能
定价：38.00 元

《生鲜超市工作手册肉禽篇》：海量图解日本生鲜超市先进管理技能
定价：38.00 元

《生鲜超市工作手册水产篇》：海量图解日本生鲜超市先进管理技能
定价：38.00 元

《生鲜超市工作手册日配篇》：海量图解日本生鲜超市先进管理技能
定价：38.00 元

《生鲜超市工作手册副食调料篇》：海量图解日本生鲜超市先进管理技能
定价：48.00 元

《生鲜超市工作手册 POP 篇》：海量图解日本生鲜超市先进管理技能
定价：38.00 元

《日本新干线 7 分钟清扫奇迹》：我们的商品不是清扫，而是"旅途的回忆"
定价：39.80 元

《像顾客一样思考》：不懂你，又怎样搞定你？
定价：38.00 元

《好服务是设计出来的》：设计，是对服务的思考
定价：38.00元

《让头回客成为回头客》：回头客才是企业持续盈利的基石
定价：38.00元

《餐饮连锁这样做》：日本餐饮连锁店经营指导第一人
定价：39.00元

《养老院长的12堂管理辅导课》：90%的养老院长管理烦恼在这里都能找到答案
定价：39.80元

《大数据时代的医疗革命》：不放过每一个数据，不轻视每一个偶然
定价：38.00元

《如何战胜竞争店》：在众多同类型店铺中脱颖而出
定价：38.00元

《这样打造一流卖场》：能让顾客快乐购物的才是一流卖场
定价：38.00元

《店长促销烦恼急救箱》：经营者、店长、店员都必读的"经营学问书"
定价：38.00元

《餐饮店爆品打造与集客法则》：迅速提高营业额的"五感菜品"与"集客步骤"
定价：58.00 元

《赚钱美发店的经营学问》：一本书全方位掌握一流美发店经营知识
定价：52.00 元

《新零售全渠道战略》：让顾客认识到"这家店真好，可以随时随地下单、取货"
定价：48.00 元

《良医有道：成为好医生的 100 个指路牌》：做医生，走经由"救治和帮助别人而使自己圆满"的道路
定价：58.00 元

《口腔诊所经营 88 法则》：引领数百家口腔诊所走向成功的日本口腔经营之神的策略
定价：45.00 元

更多本系列精品图书，敬请期待！